本书撰写人员名单

主　编：陈　琦

撰写人员：陈　琦　田丰韶　程　玲　顾永红
　　　　　刘　风　苏　海　胡振光

新时代中国县域脱贫攻坚案例 研究丛书

成县

协同式贫困治理

全国扶贫宣传教育中心／组织编写

人民出版社

目　录
CONTENTS

概　　要

　　党的十八届五中全会吹响了决战决胜脱贫攻坚的号角，各级党委政府将打赢脱贫攻坚战作为最大的政治任务和头号民生工程，动员全党全国全社会力量，坚持精准扶贫、精准脱贫，坚持中央统筹、省负总责、市县抓落实的工作机制，强化党政一把手负总责的责任制，坚持大扶贫格局，注重扶贫同扶志、扶智相结合，深入实施东西部扶贫协作，重点攻克深度贫困地区脱贫任务，确保到2020年我国现行标准下农村贫困人口实现脱贫，贫困县全部摘帽，解决区域性整体贫困。自2015年脱贫攻坚战打响以来，截至2018年年底，全国累计436个贫困县摘帽，贫困县摘帽进程过半。贫困地区呈现出新的发展局面，基础设施和公共服务投入大幅增加，发展能力明显增强，特色优势产业迅速发展，贫困群众的生活质量稳步提升。在脱贫摘帽进程中，贫困县结合自身的特点，创新性落实脱贫攻坚的顶层设计，探索出了各具特色的脱贫攻坚道路，涌现出了一批脱贫攻坚的典型案例，积累了脱贫攻坚的宝贵经验。

　　甘肃省成县2012年被确定为秦巴山区连片特困县，2013年年底全县有建档立卡贫困村102个，贫困人口1.5万户5.58万人，贫困发生率25.47%。成县深度贫困村38个，其中建档立卡贫困村36个，非建档立卡贫困村2个。经过6年多的脱贫攻坚，截至2018年年底，全县共退出贫困村97个、贫困人口1.49万户5.54万人，贫困发生率下降到0.53%。2019年4月，成县正式退出贫困县序列。

　　甘肃省成县在脱贫攻坚进程中，以习近平新时代中国特色社会主义思想为指导，按照"四个全面"战略布局，积极践行"五大发展理念"，认真落实甘肃省委"1236"扶贫攻坚行动和陇南市委"433"重点工作，聚焦精准脱贫，深入实施产业现代化、城乡一体化、旅游全域化"三化"发展思路，积极适应新常态，抢抓发展新机遇，坚持稳增长、调结构、补短板、促改革、惠民生不动摇，全县经济社会发展取得了显著成效。一是贫困人口大幅降低，实现了整县脱贫摘帽的目标。成县贫困人口由 2013 年年底的 1.5 万户 5.58 万人降低到 2018 年年底的 251 户 847 人，贫困发生率 0.53%。二是县域经济发展基础显著增强。在脱贫攻坚过程中成县不断调整产业结构，产业布局更加合理，产业发展能力进一步提升，生产总值、工业增加值、财政收入总量持续位居全市前列。三是基础设施和公共服务进一步完善。成县以基础设施先行突破了发展的瓶颈，基本实现了水、电、路、房、网、党群服务中心、卫生室、广场、幼儿园、电商服务点、金融服务点、专业合作社、互助协会"13 个全覆盖"。四是人居环境极大提升。成县通过"拆改化"专项行动和"七净一整齐"活动彻底改善了农村面貌，消除了视觉贫困，增强了贫困人群的发展信心。五是激发了群众的内生动力。成县通过改善人居环境、推动产业发展、促进就业、提升发展能力、增加收入等方式提升了贫困人群的内生动力。六是深刻改善了干部作风。成县在脱贫攻坚过程中制定了完善的责任体系，完善了用人机制，为干部工作创造良好的条件，从而极大推动了干部工作作风的转变。七是为乡村振兴奠定了良好的基础。成县通过脱贫攻坚改善了贫困地区发展的软硬件环境，基础设施建设深入推进，产业发展初具规模，工作机制日趋完善，组织保障更加健全，内生动力进一步增强，为乡村全面振兴奠定了坚实基础。

　　甘肃省成县在脱贫攻坚过程中确立了"紧盯 2018 年整县脱贫摘帽目标，对标'两不愁、三保障、一超过'，补短板、强弱项，聚力攻坚贫困村，巩固提升脱贫村，统筹兼顾非贫困村，以不达目的不罢休的勇气和敢死拼命的决心，党政发力、东西携手、企业援手、群团助力、群众自力，众志成城、尽锐出战，坚决打赢脱贫攻坚战"的总体思路，全县累计投入各类扶贫资金34.22亿元，打出制度、政策、项目"组合拳"，举全县之力、集全民之智，全力冲刺整县脱贫，打赢了脱贫摘帽攻坚战。成县的脱贫攻坚体现了协同式贫困治理的重要特征，通过在制度安排、主体关系和脱贫行动方面的协同作用，理顺了不同主体、不同子系统之间的关系，充分发挥了脱贫攻坚的合力。一是统筹谋划脱贫攻坚战略布局。成县以脱贫攻坚统揽经济社会发展全局，将补齐脱贫短板和筑牢长期发展基础相结合，以点面结合构建经济社会发展蓝图，为脱贫攻坚谋篇布局。二是合理构建脱贫攻坚责任体系。成县通过扣紧"责任链"、建好"指挥部"、选好"作战员"和锻造"排头兵"，压紧靠实各级责任，层层建立指挥系统，签订"军令状"，形成上下齐抓共管，协调联动，全县"一盘棋"的工作格局，以铁的担当、铁的意志、铁的作风，推进各项任务落实。三是充分发挥基层党建引领作用。成县通过实施"六化联动"创新基层党建模式，同时采取多种措施，真正做实基层党建工作，充分发挥党建引领作用，提升了脱贫攻坚成效。四是产业协同促进贫困群众增收。成县在脱贫攻坚进程中，坚持把产业发展作为群众脱贫致富的根本之策和长远之计，创新了产业发展模式，其中包括产业到户实业生财、产业配股分红生财、注资扶持集体生财、培育龙头联结生财、送技上门以技生财、就近设岗就业生财、推进"三变"改革生财、电商扶贫销售生财等。五是"引援借力"构建同心治贫格局。成县在脱贫攻坚过程中巧借外力，有力促进了脱贫进程。特别是充分利用了东西部扶贫协作，争取青岛市城阳区对口帮扶的资源，发挥了重要作用；此外，开展企户结亲携手脱贫专项行动和公益慈善扶贫也有力推进了成县脱贫攻坚。六是软硬结合激发脱贫内生动力。成县通过"拆改化"全面提升人居环境，改善了硬件环境，也激发了贫困人群的内生动力。此外，通过塑造典型示范带动、村民自治强化管理、宣传教育文化引领、因人施教督促改正等方式激发了贫困人群的内生动力。七是脱贫攻坚与乡村振兴协同推进。突出表现为产业振兴奠定乡村振兴基础、人才振兴激活乡村振兴活力、文化振兴重塑乡村振兴灵魂、生态振兴提升乡村振兴品质、组织振兴增强乡村振兴保障。

甘肃省成县脱贫攻坚的成功经验具有重要的意义，对于破解县域脱贫攻坚难点问题具有重要的借鉴意义，为乡村振兴提供了思路，为丰富中国特色的扶贫开发理论提供了素材。综观成县脱贫攻坚的实践，以下三个方面值得借鉴：

一是通过协同治理破解脱贫攻坚难题。成县在脱贫攻坚进程中坚持协同治理的思路，充分整合各方面力量，有效推进了脱贫攻坚。这种协同主要体现在三个方面：第一，在脱贫攻坚制度安排上的协同，要科学谋划和统筹推进顶层设计，无论是战略布局还是政策体系，都要互相协调、互相促进。特别是要以脱贫攻坚统揽经济社会发展全局，做好脱贫攻坚与乡村振兴的衔接，统筹推进顶层设计。第二，在脱贫攻坚参与主体关系上的协同，要处理好政府主体、市场主体和社会主体的关系，处理好内部主体和外部主体的关系，构建好政府内部各方主体的责任体系。第三，在脱贫攻坚行动措施上的协同。各类行动措施在落实过程中协同发力，互为补充，才能够起到事半功倍的效果，促进减贫进程。

二是聚焦脱贫攻坚主要矛盾和突出问题。要把握脱贫攻坚中的主要矛盾和解决突出问题。首先要聚焦于"两不愁三保障"目标的实现。"两不愁三保障"是脱贫攻坚的刚性指标，要对照这些刚性指标，对标对表、拉网过筛、查漏补缺，确保所有指标全达标。其次要着力补齐突出短板。要以基础先行，破解发展瓶颈，为脱贫攻坚奠定了坚实基础。全力补齐补强县、乡、村基础设施和公共服务短板。再次要聚焦特殊贫困人口的脱贫。特殊贫困人口的脱贫是脱贫攻坚中的老大难问题，要做好这部分人的民生保障兜底工作，筑牢"教育保障、医疗保障、民生保障"三道防线，推进政策落实，夯实脱贫摘帽基础。

三是以精准管理落实精准扶贫政策。落实精准扶贫、精准脱贫的战略需要在精准管理上做文章，做到扶贫对象精准、措施到户精准、项目安排精准、资金使用精准、因村派人精准、脱贫成效精准。第一，一户不漏进行识别，确保真正识别贫困人口，并做好动态调整。第二，因人因户施策。根据贫困对象的自身特点，为贫困群众量身定制了"一户一策"精准脱贫计划。第三，"一村一法"补短。紧紧围绕贫困发生率、产业发展、基础设施、公共服务等贫困村验收的4项指标和整县退出的3项指标，补齐贫困村短板。第四，反复拉网过筛。紧盯"三率一度"反复"五核、三问"，通过地毯式、拉网式排查，坚决杜绝漏评错退。

第一章

协同治理：成县脱贫攻坚实践与成效

2019 年 4 月，甘肃省成县经过县级自评申请、市级初审、省级行业部门核查认定督导和第三方专项评估检查等退出程序，退出指标符合国家规定的贫困县退出标准，实现整县脱贫。在成县的脱贫攻坚过程中突出体现了协同治理的特点，在脱贫攻坚的制度安排、多元治理主体的关系、具体的贫困治理行动以及内外部关系处理等方面都发挥了较好的协同效应。

一、协同治理及其在减贫中的应用

20 世纪 90 年代以来，"治理"一词逐步取代传统的统治、管理等概念。治理理论包括以下几个方面内涵：一是治理主体的多元化。政府并不能完全垄断一切合法的权力，承担维持秩序、调节经济和协调社会发展职能的，既有政府组织，也有社会组织等其他的治理主体。它们一起构成了国家的和国际的某种政治、经济和社会调节形式。[①] 二是治理领域不仅局限于政治国家领域，还包括经济生活领域和社会生活领域。在这三大领域里，以政府运作的国家机制、企业运作的市场机制和社会组织运作的社会机制，分别动员政治、经济和社

---

① 徐祖荣：《社会管理创新范式：协同治理中的社会组织参与》，《中国井冈山干部学院学报》2011 年第 3 期。

会等力量，并以合力推动社会有序运行和协调发展。三是各治理主体之间是合作共生的关系。治理主体之间存在着权力的依赖和制约，各主体之间相互依存，具有共同的目标，多以合作的形式来达成共同目标。

（一）协同治理的内涵与特征

在治理理论的众多分支中，协同治理是其中一个非常重要的概念。很多研究者在界定协同治理时，强调多元治理主体之间的合作关系。但是，这种多元治理主体之间的合作、协商、博弈等关系，是一种狭义上的协同治理。协同治理不仅包含了治理主体之间的协同，也包含了不同系统之间的协同。联合国全球治理委员会指出，"协同治理"是个人、各种公共或私人机构管理其共同事务的诸多方式的总和。协同治理能使不同利益主体得以调和并且采取联合行动，协同治理包括具有法律约束力的正式制度和规则，也包括各种促成协商与和解的非正式的制度安排。① 从这个定义中可以看出，协同治理不仅强调各治理主体的关系协同以促成共同行动，也强调各种制度安排上的关系协同以促成共同行动，发挥协同效应。协同治理具有以下几个特征：第一，目标一致性。不同主体构建某种关系，形成某种组织，必然以共同目标为主要纽带，通过共同目标把不同参与者凝聚起来。第二，资源共享性。参与主体完成共同目标的过程中，需要彼此之间共享信息、知识与资源。第三，互利互惠性。协同的前提条件是参与主体在相互信任基础上的互利互惠，实现成员之间利益共赢。第四，责任共担性。协同则强调参与主体共同承担协同行动的责任。第五，深度交互性。协同意愿的达成与协同行动的开展需要各参与主体对行动策略不断进行谈判与协商，即使在协同行动的过程中，各参与主体也

---

① 俞可平主编：《治理与善治》，社会科学文献出版社 2000 年版，第 5 页。

会相互依赖，他们的认知与行动都交织在一起。[①] 治理理论的提出解决了传统社会管理中单一主体的局限性，为多元主体参与社会治理提供了合理方案。协同治理理论的提出则进一步拓展了治理的内涵，不仅强调处理好多元治理主体之间的协同关系，也强调治理行动上的协同以及促成行动背后的制度安排的协同关系。

（二）减贫领域的协同治理

在贫困治理领域，也逐步转向多元主体共同参与的协同治理。协同治理贫困有其存在的必要性。一是贫困的复杂性要求多元主体共治。贫困的复杂性是指贫困人口众多、贫困结构特征复杂、贫困的致因多样化、贫困的表现多方面等。复杂的贫困结构对政府治理提出了挑战，政府无论是在资源配置还是在具体运作方面都略显力不从心。因而，在贫困治理领域除了政府力量作用，更需社会多元主体力量的介入。二是贫困治理需要构建多主体合作的网络。贫困治理不仅强调多主体的参与，还应构建政府、市场组织、社会组织、民众多主体合作的网络状结构。贫困的治理过程是多主体资源投入并相互协商、协作过程，强调各相关利益主体之间的合作。三是贫困治理的系统性需要充分发挥协同效应。贫困治理是一个系统工程，涉及基础设施改善、产业发展、教育扶贫、医疗保障、文化发展等方方面面，只有让不同的子系统之间发挥协同效应才能达到最佳的贫困治理效果。从制度层面上建构可持续的反贫困机制，这样不仅有利于消除收入贫困，而且有利于从能力、合作机制、治理结构等更深层面为贫困农户的脱贫乃至贫困地区社会、经济、政治等诸方面的协调和可持续发展建构制度基础。

---

① 张贤明、田玉麒：《论协同治理的内涵、价值及发展趋向》，《湖北社会科学》2016 年第 1 期。

从具体内容来看，协同式贫困治理主要表现为以下几个方面的协同：

一是贫困治理制度安排的协同。首先表现为脱贫攻坚战略布局的协同。在脱贫攻坚过程中，要从纵向和横向来明确定位脱贫攻坚的位置。从纵向来看，要认识脱贫攻坚的历史定位，处理好脱贫攻坚与长期发展的关系，例如脱贫攻坚与全面小康和现代化的关系，脱贫攻坚与乡村振兴的关系等。从横向来看，要处理好脱贫攻坚与经济社会发展全局的关系，处理好物质脱贫与精神脱贫的关系，处理好脱贫攻坚重点突破与全面发展的关系。其次表现为脱贫攻坚政策的协调。脱贫攻坚的政策体系由不同的子系统构成，中央层面四梁八柱的顶层设计已经完备，关键是各个贫困地区要结合自身特点设计可以落地的政策体系，使不同的政策之间互相促进，共同发挥脱贫攻坚的协同效应。

二是贫困治理主体关系的协同。贫困治理是多元主体共同参与的过程，各主体关系的协同是共同行动的基础。第一，要处理好政府、市场、社会等不同参与主体的关系。在贫困治理过程中，不同参与主体的资源、能力、利益等均存在着一定的差异，不同治理主体的关系主要表现为一种合作关系，但也不可避免地表现为某种博弈关系。需要处理好不同主体的关系，充分发挥不同主体参与贫困治理的合力。第二，要处理好体制内扶贫主体的关系。政府仍然是贫困治理的主导力量，政府内部参与贫困治理的主体很多，从我国的实践来看，政府主体或者说体制内的扶贫主体基本上都承担着相应的扶贫任务，这是一支重大的扶贫力量，需要明确各主体之间的关系，特别是在脱贫攻坚的责任体系方面，要建立明确的责任体系和压力传导机制。第三，要处理好外部主体与内部主体的关系。外部支持和内源发展是贫困地区或贫困人群发展的重要的两面。贫困治理是一个内外部力量长期共同作用的过程，但是单纯依靠外部力量或内部力量都不能解决贫困的根本问题。在贫困治理的初期，通常以外部输入性的减贫模式为主，强调外部资源的供给在减少贫困方面的作用。但是，在贫困地区或贫困对象具备了一定的发展基础之后，贫困治理更加强调内源性发展，要求充分激发贫困地区或贫困人群的内生动力，实现可持续的减贫与发展。在贫困治理过程中必须协调好外部主体与内部主体的关系，处理好外部支持与内源发展的关系，充分发挥外部支持和内源发展的协同作用。

三是贫困治理具体行动的协同。贫困治理的具体行动是建立在一定制度基础和主体关系的基础之上的，良好的制度安排和主体关系能够促成减贫行动的协同效应。贫困治理的具体行动通常体现在具体减贫措施的落实过程之中。在脱贫攻坚过程中，各县市采取了多样化的减贫措施，这些措施之间的协同发力能够起到事半功倍的效果，极大促进减贫进程。所有贫困治理措施均应服务于减贫和发展的共同目标，例如改善人居环境是为了消除视觉贫困和提升村庄发展的内生动力，改善基础设施是为了破除脱贫攻坚的瓶颈。同时，不同措施之间应该是相互补充和相互促进的关系。

二、成县脱贫攻坚的背景

（一）成县经济社会发展背景

成县地处嘉陵江上游，甘肃省东南部，连接川陕、襟带秦陇。据史载，成县有三千九百载区域文明史，在旧石器时代和新石器时代就有人类活动。成县上古为雍州之域，周文王时为南国化疆，春秋时为白马氏国，秦昭王时设下辨邑，汉为下辨道。东汉光武帝建武中至北周静帝中为武都郡、西康州治所。西魏恭帝时称同谷县。唐德宗贞元间至明太祖洪武初为成州治所，明太祖洪武中称成县。清朝雍正七年，改属阶州。民国初期，成县隶巩秦阶道，后改属第八行政督察区

（公署驻武都）。1949 年 12 月 2 日，中国人民解放军进驻成县县城，宣告成县全境解放，成县初属武都专员分署，后武都地区更名为陇南地区。1985 年 6 月，国务院决定移陇南地区行政公署驻此。2004 年 12 月，陇南地区撤地设市，始置陇南市，成县归陇南市管辖。

成县生态环境独特，自然资源丰富。境内四季分明，气候宜人，生态良好，土地肥沃，属南北过渡性暖温带半湿润气候区，海拔 750—2377 米，年平均气温 11.9℃，降水量 620 毫米，无霜期 210 天，年日照时数 1625 小时，境内有"一江三河"。县内已知植物种类 1958 种，动物种类 54 种；有林地 129.6 万亩，可利用草地 13.96 万亩，全县森林覆盖率 48.5%。特色产业主要有核桃、畜牧、油用牡丹、蜂蜜、烤烟、中药材等，全县农业特色产业面积达到 78 万亩，其中核桃实现适宜区全覆盖 50 万亩、1100 万株，是国家生态环境建设重点县、中国核桃之乡和全省商品粮基地。成县被誉为"陇上明珠"，素有"陇上江南""陇右粮仓"之称。

成县矿产资源富集，工业基础较好。境内已发现矿产 23 种，金属矿藏主要有铅、锌、金、银、铜、铁等，非金属矿藏主要有大理石、花岗岩、石英石、冰洲石等。其中，铅锌地质储量约 1100 万金属吨，是国内第二大铅锌矿，品位高，储藏浅，易开采。成县成为继白银市、金昌市金川区之后甘肃省第三个有色金属工业生产基地。全县大理石储藏量 92 亿吨，品类齐全，质地细腻，花纹艳丽，居全省首位。

成县旅游资源独特，开发潜力较大。境内融自然风光、名胜古迹、民俗风情为一体，全县密布的旅游景点有九十处之多，是西北地区少有的天然氧吧之一。境内有国家级森林公园鸡峰山、国家级文物保护单位西狭颂风景区、诗圣杜甫流寓同谷纪念地"杜少陵祠"、南宋抗金名将吴挺陵园、省级森林公园尖子山；有五仙洞、大云寺、甸山、金莲洞、泥功山、石门沟、浪沟峡等风景名胜，构成了独具特色的旅游景观，是陕甘川旅游黄金线和乡村旅游的重要"驿站"。

成县区位优势明显，公共设施完善。成县是陇南经济中心和交通次中心，陇南成县机场于 2018 年 3 月 25 日正式通航，相继开通成县到北京、广州、深圳、海口、青岛、重庆、西安、兰州、昆明、新疆 10 条城市航线，十天、成武高速贯穿全境。教育、医疗卫生、文化体育等公共服务基本健全，陇南高等师范专科学校坐落成县，满足 20 万人的磨坝峡水库已于 2017 年 3 月建成，2019 年 5 月开始供水，城市天然气项目建成投用。

成县历史悠久，文化积淀丰厚。县内有国家、省、市、县级文物保护单位 13 处。现存古石窟有睡佛寺、云梯寺、龙神阁、观音崖、黄崖窟、达摩洞 6 处。已探明和挖掘的仰韶文化、马家窑文化、齐家文化、寺洼文化遗址等 20 余处，另外还有文化品位较高的春秋、汉代、宋代墓葬群等 13 处，有龙门、固山、紫金山等古战场遗址多处。深厚的文化积淀和独具特色的风物英华，让古老的成县在新时代迸发出强大的活力。

在经济社会持续、快速、稳步发展的过程中，成县先后荣获"全国基础教育先进县""全国科技先进县""全国生态环境建设示范县""全国绿化模范县""全国长治工程样板县""中国核桃之乡""全省精神文明建设先进县""全省双拥模范县""全省文化先进县"等十多项称号。2007 年，成县被联合国非物质遗产保护组织中国分部确定为全国三十三个"千年古县"之一。

（二）成县贫困发生的原因

成县辖 14 个镇 3 个乡，245 个行政村 14 个居委会，总人口 27.03 万人，总面积 1677 平方公里，耕地 41.2 万亩，林地 118.7 万亩，天然草场 15.5 万亩，森林覆盖率 48.5%。成县属秦巴山区集中连片特困片区，是全省 58 个集中连片贫困县之一，具有连片特困地区贫困的典型特征，贫困面大、贫困人口多、贫困程度深，减贫难度大。

一是贫困人口集中于生存条件恶劣的山区。贫困人口大多集中在条件比较恶劣，自然灾害多发，地理位置偏远的区域。虽然成县具有较好的生态环境和资源优势，但是受到地理环境的影响，不能将资源优势转化为发展优势，贫困人口缺少必要的生存条件，恶劣的生存条件增加了贫困人口摆脱贫困的难度。

二是贫困人口脱贫的内生动力不足。由于历史原因，许多贫困村贫困群众总体文化程度低，缺少发展的意识和必备技能。此外，贫困地区的现代文明程度低，存在陈规陋习，一些贫困群众安于现状，存在"等靠要"的思想，脱贫内生动力严重不足。

三是贫困地区缺少摆脱贫困的产业基础。缺少产业是贫困地区致贫的重要原因，长期以来，成县乡村产业主要集中于传统种养殖业，产业投入高、收益低。很多贫困村发展产业欠基础、少条件、没项目，即使有产业项目，也存在结构单一、抗风险能力不足问题，对贫困户的带动作用有限。另外因学返贫、因病返贫、因婚返贫等问题也比较突出。

四是贫困人群的减贫难度较大。从脱贫任务看，2013 年年底全县有建档立卡贫困村 102 个，贫困人口 1.5 万户 5.58 万人，贫困发生率 25.47%。成县深度贫困村 38 个，其中建档立卡贫困村 36 个，非建档立卡贫困村 2 个。虽然总体贫困发生率不高，但是贫困人口基数大，绝大部分贫困人口缺少发展的外部环境和内部动力，减贫难度大。

（三）成县扶贫开发的历史阶段

成县扶贫开发始于 1998 年，具体工作由成县民政局的帮扶股承担，每年省、市扶贫办拨付财政扶贫资金 10 万元左右。2000 年 1 月，国务院西部地区开发领导小组召开西部地区开发会议，研究加快西部地区发展的基本思路和战略任务，部署实施西部大开发的重点工作。成县随后作出成立"成县扶贫开发办公室"的决定，加挂中国西部扶贫世界银行贷款项目成县办公室的牌子。2001年，成县成立了由县长任组长、涉农部门主要负责人为成员的"成县扶贫开发领导小组"，在扶贫办设立办公室，由扶贫办主任兼任办公室主任，具体负责组织协调全县扶贫开发工作。成县的扶贫开发大致经历了四个阶段。

第一阶段：2001年至2005年。这一阶段是西部扶贫世界银行贷款项目实施阶段。2001年12月，成县县委、县政府发文成立了10个乡（镇）世行贷款项目工作站。自成县被确定为中国西部扶贫世行贷款项目县后，通过2002年至2005年四年世行贷款扶贫项目的实施，到2005年年底，全县完成项目总投资3000多万元，完成了土地与农户开发、灌溉与梯田、农村基础设施等多项建设任务，项目区（10个乡镇、30个贫困村）贫困人口由2000年年底的22277人减少到2217人，减幅达到91%，贫困发生率由2000年年底的62.29%下降到2005年的5.98%，农民人均纯收入由1409元增长到2005年的1959元，人均增收550元。

第二阶段：2008年至2010年。这一阶段是灾后恢复重建阶段。"5·12"汶川地震，造成全县12个贫困乡、96个贫困村、1.53万贫困户、6.87万贫困人口全部受灾。这一阶段的扶贫开发主要以灾后重建为抓手，目标在于缓解贫困人口的生存困境，重点在于恢复地震灾害带来的各种破坏。国家先后共下达灾后恢复重建资金13.12亿元，全部用于以住房、学校、医院、水利等为主的基础设施，为此后的脱贫摘帽奠定了坚实的基础。

第三阶段：2011年至2014年。这一阶段为整县全面推进脱贫阶段。2011年，国家出台了第二个《中国农村扶贫开发纲要（2011—2020年）》，明确把连片特困地区作为主战场。同年7月，成县被国务院扶贫办列为连片特殊困难地区秦巴山区项目县。根据新的扶贫标准，全县核定104个贫困村、5.58万贫困人口，占当年农业人口总数的 25.47%。四年间，县委、县政府围绕"农民收入哪里来，农村面貌如何变"这一思路，累计投入资金 8.1 亿元，将鸡峰、镡河、宋坪、二郎等南北二山特困片区乡镇确定为全县扶贫攻坚的主战场，科学规划，统筹推进，整合资源，加大投入，将人力物力财力集中投向最贫困的乡村、最贫困的农户和最迫切需要解决的问题。2014 年年底，全县贫困人口减少到 4.24 万人，贫困发生率下降至 19.31%；农民人均纯收入达 5529 元，较 2011 年增长了 50.16%。

第四阶段：2015 年至 2018 年。这一阶段属于脱贫攻坚摘帽阶段。2015 年以来，成县紧盯整县脱贫摘帽目标，对标"两不愁三保障"，举全县之力、集全民之智，全力冲刺整县脱贫。全县累计投入各类扶贫资金 26.12 亿元（包括 6.5 亿国开行融资贷款和 4.5 亿精准扶贫专项贷款），坚持把基础设施作为扶贫开发的先决条件，全力补齐补强县、乡、村基础设施和公共服务短板；坚持把产业扶贫作为精准脱贫的根本之策和长远之计，加快富民产业培育，大力扶持到户产业；紧抓东西部扶贫协作机遇，组织动员全县重点企业与特殊困难群体结对开展帮扶，深层次挖掘电商带贫渠道，创新开展"一拆三改两化"专项行动，深入推进精神扶贫。截至 2018 年年底，全县共退出贫困村 97 个、贫困户 1.49 万户 5.54 万人。2019 年 4 月，成县正式退出贫困县序列。

三、成县协同治理贫困的实践

成县在脱贫攻坚实践中，按照"党政发力、东西携手、企业援手、群团助力、群众自力，众志成城、尽锐出战，坚决打赢脱贫攻坚战"的总体思路，打出制度、政策、资金、项目"组合拳"，举全县之力、集全民之智，全力冲刺整县脱贫。整个脱贫攻坚实践中充分体现了协同治理的特点，成县通过协同治理理顺了脱贫攻坚与经济社会发展的关系，协调了多方参与主体的关系，整合了脱贫攻坚的资源，发挥了各参与主体的合力。具体来看，成县协同治理贫困的实践主要体现在战略布局、主体关系、具体措施和内外部关系处理等方面，在这个过程中充分发挥了协同效应，取得了重要成效。

（一）统筹谋划脱贫攻坚战略布局

统筹谋划脱贫攻坚战略布局是打赢脱贫攻坚战的先决条件，成县在谋划脱贫攻坚战略布局方面理顺了脱贫攻坚与县域经济社会发展、短期脱贫与长期发展、重点突破与全面发展的关系。

一是以脱贫攻坚统揽经济社会发展全局。成县在县域发展的谋篇布局贯穿新发展理念，把县域贫困治理纳入全县发展全局来谋划和推进，在谋划县域发展规划、重大建设项目、重大工程时，始终围绕着促进贫困人口参与和分享改革与发展红利，补齐制约县域城乡协调发展的短板因素，为县域贫困地区和贫困人口脱贫增收提供各方面的支撑。

二是补齐脱贫短板和筑牢长期发展基础相结合。成县在脱贫攻坚的过程中有针对性地将自身短板和优势特点相结合，通过精准扶贫相关政策补齐制约成县长期发展的短板条件，主要围绕地区发展不平衡、基础设施落后和产业基础薄弱等劣势条件开展针对性的应对措施，同时最大程度地兼顾长期发展目标，在补齐短板的同时夯实了长期发展的基础。坚持把基础设施作为扶贫开发的先决条件，整合筹措5.5亿元资金，全力补齐补强县、乡、村基础设施和公共服务短板，全县贫困村基本实现了水、电、路、房、网、党群服务中心、卫生室、广场、幼儿园、电商服务点、金融服务点、专业合作社、互助协会"13个全覆盖"。实现了村村通上硬化路、组组通上动力电、人人住上安全房和家家吃上放心水的目标。

三是点面结合构建经济社会发展蓝图。成县在脱贫攻坚过程中突出了发展重点，同时以点带面，形成了经济社会发展的综合框架。例如在工业方面，坚持把主导工业旺产旺销、非公经济业态激活、园区拓展引资引企作为新型工业化的"支撑点"；在农业方面坚持把挖掘特色优势、打造特色品牌、健全产业链条、农业提质增效作为农业产业化的"发力点"，做优核桃主导产业，做强草畜、中药材、蔬菜、中蜂等"四辅助"产业；在文化旅游方面，坚持把文化旅游资源开发、电子商务线上线下应用、商贸服务百业并举作为培育新兴产业的"突破点"，实施"第三产业高融合发展攻坚行动"。

（二）合理构建脱贫攻坚责任体系

成县把整县脱贫作为全县压倒一切的第一要务，坚持片区就是战区，岗位就是战位，干部就是战士，压紧靠实各级责任，层层建立指挥系统，签订"军令状"，形成上下齐抓共管，协调联动，全县"一盘棋"的工作格局，以铁的担当、铁的意志、铁的作风，推进各项任务落实。

一是扣紧"责任链"。成县制定了脱贫攻坚责任清单，与各专责部门、各乡镇签订"军令状"，建立了县级领导、县直单位、乡镇、村、第一书记共同负责的"五级责任捆绑"机制，形成了"千斤重担人人挑、个个肩上有指标"空前未有的攻坚态势。

二是建好"指挥部"。成县成立了脱贫攻坚领导小组，由县委书记、县长任组长，相关县级领导为副组长，相关责任单位和17个乡镇负责人为组员。县委县政府充分发挥脱贫攻坚一线指挥部的协调指挥调度作用，对阶段性工作、重点攻坚任务及时分解细化、强化调度；坚持周例会制度，专题研判攻坚态势，安排部署阶段性攻坚任务；县级联乡领导下沉两级，进村入户抓脱贫，一线解决短板问题，现场督促任务落实。

三是选好"作战员"。成县坚持把精干力量向贫困片区倾斜。通过提拔调整乡镇党政正职，交流使用乡镇班子成员，提拔扶贫一线干部进入乡镇领导班子等措施充实脱贫攻坚力量。同时，坚持用最强的干部加强最弱的岗位，采取内选、下派等方式，对贫困村两委班子成员进行了充实，配强了贫困村工作力量。

四是锻造"排头兵"。成县在104个贫困村派驻504名驻村工作队员，全部实行第一书记与驻村工作队队长"一肩挑"。着眼非贫困村的短板问题，及时向141个非贫困村选派驻村帮扶工作组员282名，实现了村村都有帮扶队。制定出台了帮扶干部管理的"一意见、两办法"，全面加强驻村帮扶干部管理，全面落实扶贫一线干部各类保障措施。坚持正向激励，从精准脱贫一线提拔干部，选树表彰先进驻村帮扶工作队、工作组，优秀第一书记、先进队长、先进队员、先进组员。同时，强化反向约束，常年开展督查、暗访、夜查，严明工作纪律，先后对群众认可度不高、工作成效不明显的帮扶干部开展诫勉谈话、通报批评、调整召回并重新选派队长、队员等。

五是执行"严问责"。成县不断强化扶贫领域监督执纪问责，以最严措施、最严纪律、最严督查保障脱贫成效。

（三）充分发挥基层党建引领作用

基层党建和脱贫攻坚相辅相成、互推互进。成县将基层党建融入到脱贫攻坚的实践中，积极探索以党建带动扶贫、以扶贫促进党建的创新模式，真正把党的组织优势转变成扶贫发展优势。

一是实施"六化联动"，创新基层党建模式。第一，聚焦主业厘清单，精准传压，推动基层党建"责任化"。大力推行"清单式"管理，将党建任务细化到人、量化到岗，全面压实党建责任，使齐抓共管的工作合力更加持久有效。第二，聚焦脱贫勇担当，精准施策，推动基层党建"实效化"。深入实施农村基层党建"五推进"工程，使抓党建促脱贫攻坚的措施更加有力、更为务实。第三，聚焦运行抓规范，精准发力，推动基层党建"标准化"。制定出台基层党组织建设标准化实施意见、创建方案，分领域推进计划，创新提出"六个一"措施，使党支部标准化建设有章可循、有据可依、方向明确。第四，聚焦示范树标杆，精准培育，推动基层党建"品牌化"。牢固树立大抓基层的鲜明导向，抓点带面推动基层组织全面进步、全面过硬。第五，聚焦形势搭平台，精准创新，推动基层党建"信息化"。大力推行"互联网+党建""智慧党建"等做法，推进基层党建传统优势与信息技术深度融合。第六，聚焦基础强保障，精准统筹，推动基层党建"项目化"。继续深化拓展和创新实施基层党建"六项工程"，有效夯实基层党建基础。

二是采取多种措施，真正做实基层党建工作。在脱贫攻坚的契机下，成县将基层党建与脱贫攻坚深度融合，在脱贫攻坚实践中创新基层党建工作，真正做实了基层党建工作。第一，通过规范化运作和严格的督查考核，在脱贫攻坚中落实党建责任，为脱贫攻坚工作打造了坚强的战斗堡垒；第二，在脱贫攻坚中强化党建工作的保障。通过加强人员的保障、党建经费的保障和阵地保障，为基层党建工作的开展营造了良好的环境，奠定了良好的基础；第三，基层党组织在脱贫攻坚中发掘自身潜力，积极接受教育，提升自身素质，敢作为能作为，保障了工作的贯彻落实；第四，通过脱贫攻坚，干部深入一线，围绕在群众的身边，发现群众的实际问题，加强了党同群众的血肉联系，提升了基层党组织的服务水平，加快了服务型党组织建设。

三是充分发挥党建引领作用，提升脱贫攻坚成效。在脱贫攻坚中，成县重视基层党组织的引领带动作用，以党建促脱贫，保障各项工作稳步推进。基层党建带动村级集体经济发展，不断探索脱贫的新形式，与时俱进，带领贫困地区经济发展；基层党组织不断加强自身学习，接受教育，加强党组织内部的督查，保证党组织人员尽职尽责，为脱贫攻坚提供了坚实的组织保障；建设先锋队伍，发挥榜样的模范力量，更好地推进各项工作落实；基层党组织积极动员各方力量，营造了社会扶贫的大格局。

（四）产业协同促进贫困群众增收

产业发展是贫困地区脱贫的关键。成县在脱贫攻坚进程中，坚持把产业发展作为群众脱贫致富的根本之策和长远之计，按照"村有主导产业、户有增收门路、人有一技之长"的思路，大力扶持到户产业。

一是产业到户实业生财。成县落实产业发展资金 2648 万元，为贫困群众发放仔猪 8068 头、仔鸡 22.9 万只、中蜂 1.3 万群、中药材种子 7.8 万斤，栽植核桃、花椒、大樱桃 740 亩，复种黄豆、荞麦 2.3 万亩，保障了"一户一策"产业帮扶计划和措施的如期见效。同时，落实核桃产业发展资金 800 万元，管护核桃树 10 万亩，防治病虫害 40 万亩。使全县有产业发展需求和能力的贫困户，户均产业扶持资金达到 3400 元，有发展能力的易地扶贫搬迁户，户均产业扶持资金达到 2000 元。

二是培育龙头联结生财。成县坚持"抓产业必须抓龙头企业和合作社、扶持龙头企业和合作社就是扶持产业发展"理念，发力培育和壮大新型经营主体，积极探索利益联结机制，带动贫困群众全面参与。截至 2018 年年底，全县培育农业龙头企业 27 家，发展农民专业合作社 1062 家，吸纳成员 6454 人，带动农户 19159 户，其中贫困户 5620 户。

三是送技上门以技生财。成县立足产业发展和贫困户需求，实施贫困户能力素质提升项目。累计投入培训资金 1934.227 万元，开展"两后生"培训和实用技术、劳务技能等培训 4.2 万人次，其中建档立卡贫困户 14474 人，完成职业技能鉴定 29045 人，输转劳动力 29.2 万人次，创劳务收入 59.35 亿元。

四是就近设岗就业生财。成县按照"政府主导、企业带动、农户参与"的方式，在贫困群众家门口建立"扶贫车间"，让群众就地就业，实现就业增收、照顾家庭两不误。全县已建成扶贫车间19个，带动346名困难群众就业，1791户贫困户发展产业。

五是推进"三变"改革生财。成县结合农村"三变"改革探索形成了"三变+旅游扶贫""三变+生态休闲观光业""三变+中药材产业扶贫""三变+特色产业+生态旅游"等多种发展模式，投入扶持发展资金1020万元，实现土地资源变资产5833亩、资金变股金9846.8万元、农民变股东9725户，兑现"三变"分红710万元。

六是电商扶贫销售生财。成县把电商扶贫作为整合放大扶贫力量的重要平台，全方位构建行政推进、基础保障、产业支撑、平台服务、宣传推广"五位一体"的电商扶贫系统，不断深化和完善网店、平台、就业、信息、入股、产业六条增收渠道，把贫困村和贫困户嵌入电商全产业链，打造了电商扶贫"成县模式"，在电商消贫带贫方面取得了明显成效。全县1127家各类网店、微店，与贫困户通过签订带贫协议，帮助贫困群众销售农产品近3800万元，实现贫困人口人均增收715元，直接带动就业1.38万人。

（五）"引援借力"构建同心治贫格局

政府主导、全社会参与的综合性开发式扶贫是中国减贫道路的重要特点。扶贫开发不仅仅是政府的职责，更是需要全社会共同关注和承担的责任。动员和组织社会各方面力量，参与扶贫开发，做好社会扶贫工作是中国特色扶贫开发道路的重要组成部分，也是社会主义制度优越性的充分体现。成县在脱贫攻坚进程中充分利用省市各部门、东西部扶贫协作帮扶机遇，统筹调配各级组织、企事业单位和干部资源，形成了多方力量参与、多种举措有机结合、互为支撑的脱贫攻坚强大合力。

一是东西协作同心治贫。青岛市城阳区是成县对口帮扶单位，成县共争取青岛市城阳区各方面援助资金4832万元，用于"乡村旅游"升级打造、贫困户庭院硬化、小巷道硬化、安全饮水工程提升、贫困户配股分红、大病救助基金和教育、卫计等专业人才交流学习培养等项目。同时着眼于推进经济结构调整，积极培育新兴产业，引进青岛利和萃取股份有限公司生物萃取项目落地陇南西成经济开发区红川园区。

二是企户结亲携手脱贫。成县针对剩余贫困人口及特殊困难群体不能按时或稳定脱贫的特殊情况，在全县开展了重点企业帮扶特殊困难群体专项行动，组织全县127户重点企业与876户2402人特殊困难群体结对开展帮扶。帮扶企业捐助现金和物资累计折合714.1万元，采取帮建房屋、改善环境、吸收务工、送病就医、培育产业、配股分红、爱心捐赠等方式进行帮扶，确保了特殊困难人群实现持续增收，实现稳定脱贫。

三是公益慈善纾难解困。成县创新完善人人皆愿为、人人皆可为、人人皆能为的社会扶贫参与机制，通过各类企业、民间慈善机构、爱心团体、网络众筹等平台，大力倡导志愿服务，组织公益募捐，走访慰问等方式，为特困学生、留守儿童、残疾人、留守老人等特殊困难群众排忧解难。

（六）软硬结合激发脱贫内生动力

针对部分贫困群众志气短缺、精神不振、追求不高、"等靠要"思想严重、生活习惯"脏乱差"等问题，成县大力推行一系列精神扶贫行动，激发脱贫内生动力。

一是"拆改化"全面提升人居环境。针对全县村容村貌新旧混杂、人居环境脏乱差、农村群众陋习多等突出问题，成县推出"一拆三改两化"（拆除危旧房，改厕、改灶、改圈，硬化小巷道、美化庭院和净化室内环境）专项行动。全面彻底消除了农村危旧房和残垣断壁，解决了困扰农村面貌的大难题，消除了视觉贫困。同时推进"七净一整齐"活动。采取政府补助、群众投工投劳，对村庄小巷道、群众庭院实行改造硬化，按照"七净一整齐"标准（院外净、院内净、房内净、门窗净、厨房净、厕所净、个人卫生净，物品家具农具摆放整齐），督促指导群众美化净化室内环境，整治乱堆乱放乱倒的陈规陋习。不仅提高了生活质量，也激发了贫困人群的内生动力。

二是塑造典型示范带动。县乡两级分层次开展道德模范、"最美家庭"、勤劳致富典型等评选表彰活动，选树各类先进典型390余人，以身边人、身边事感化教育群众，自觉养成孝老敬亲、苦干实干、勤劳致富新风尚。同时，制定出台《成县建档立卡贫困户脱贫表彰奖励暂行办法》，先后发放364.72万元对4553户脱贫户进行脱贫奖励。

三是村民自治强化管理。各乡镇结合各村实际修改完善村规民约，对村民行为进行规范。县文明办、团县委精心创作了"成县村规民约七字歌"，引导群众更新生活理念、加强自我约束、革除陈规陋习，共树文明新风。

四是宣传教育文化引领。成县发动宣传、妇联、团委、文化等部门广泛参与精神扶贫，采取深入乡村开展孝老敬亲、知恩感恩主题教育宣讲活动，举办各类文化惠民活动，在村文化阵地和乡村道路两旁制作脱贫攻坚宣传栏等群众喜闻乐见、易于接受的方式，通过道德宣讲、舆论宣传、文化熏陶、奋斗意识灌输，引导贫困户摒弃"等靠要"思想，提振脱贫信心，增强自我发展能力。

五是因人施教督促改正。成县对家境贫寒、动力不足的群众，通过扶持引导发展产业、外出务工的方式帮助其通过自身勤劳奋斗增收致富；对一味索取、不知足、不感恩的群众，加强教育引导和法制宣传；对好吃懒做、不愿发展的贫困群众，加强思想惩戒和引导帮带，督促积极主动脱贫。

（七）脱贫攻坚与乡村振兴协同推进

脱贫攻坚是实施乡村振兴的重要基础，乡村振兴是巩固脱贫攻坚成果的有效保障。2019年3月，成县县委农村工作会议指出，要用好乡村振兴战略总抓手，重点突出"五个振兴"，全面巩固脱贫成效，提高脱贫质量，集中精力完成剩余贫困村和贫困人口的稳定脱贫，同步推进乡村振兴。

一是产业振兴奠定乡村振兴基础。成县突出区域优势，结合现有产业基础，制定"一村一规划"和"一户一策"产业发展计划，合理选择贫困村主导产业，培育到村到户特色主业。推进贫困村合作社全覆盖，组建贫困村合作社，加强对合作社的规范化管理，提高自身造血能力，充分用活政策资金，扶持新型经营主体发展。提升龙头企业带贫能力，坚持"抓产业必须抓龙头企业、扶持龙头企业就是扶持产业发展"的理念，采取建管并重、扶优配强的思路，推进龙头企业提档升级、带动贫困群众全面参与。积极开展农产品产销对接。

二是人才振兴激活乡村振兴活力。成县积极选好"排头兵"和"作战员"，努力夯实基层干部队伍；成县在扶贫攻坚中强化扶贫先"扶志"意识，广泛开展公民思想道德教育，开展群众喜闻乐见的文化活动，帮助贫困群众树立正确的荣辱观、价值观，消除"等靠要"的消极思想，根除以贫为荣、以一夜暴富为荣、以哭穷喊穷为荣的落后观念，提升贫困群众发展信心；打造内生动力，培育新型职业农民队伍。"立足产业、政府主导、多方参与、注重实效"原则，全面加快推进新型职业农民培训工作。

三是文化振兴重塑乡村振兴灵魂。成县深入开展扶贫政策宣传，积极进行扶贫舆论引导，大力激发凝聚积极进取、奋发努力的精神力量；坚持推进扶贫价值引领，广泛展开乡风文明创建，扎实开展扶贫文艺润心，坚持开展扶贫文化惠民；积极组织扶贫科普培训，提高群众获得感和幸福感。

四是生态振兴提升乡村振兴品质。成县为彻底解决全县农村环境"脏乱差"突出问题，打造可憩可游、宜业宜居、美化亮化的农村人居环境，结合成县实际，制定"一拆三改两化"活动的实施方案，消除了视觉贫困；实施生态扶贫，保护发展双赢。成县建立健全生态保护补偿机制，认真落实建档立卡贫困人口选聘生态护林员工作，及时足额兑现补助资金，积极支持贫困地区发展林果产业，帮助贫困户增收脱贫；成县按照省市下达的各项造林绿化工作任务，提早谋划筹备，精心组织实施，全力推进造林绿化工作，保住了绿水青山。

五是组织振兴增强乡村振兴保障。成县始终把服务保障脱贫攻坚"一号工程"，作为基层党建工作的首要政治任务，积极组织发动全县各级党组织和广大党员干部在脱贫攻坚一线担当作为、建功立业，真正做到以党建任务落实助推脱贫攻坚、用脱贫攻坚的成效检验党建质量。坚持科学统筹，靠实抓党建促脱贫；坚持大抓基层，强基固本打造坚强堡垒；坚持择优选派，严管厚爱建强帮扶队伍；坚持先锋引领，强化培训提升干部能力；坚持严督实考，奖惩并举激发攻坚活力。

四、成县脱贫攻坚的主要成效

（一）实现了整县脱贫摘帽目标

2013 年年底至 2018 年年底，成县经过持续扶贫，贫困人口大幅减少，贫困乡村稳步脱贫。全县建档立卡贫困户由 2013 年年底的 1.5 万户 5.58 万人减少到 2018 年年底的 251 户 847 人，贫困发生率由 2013 年年底的 25.47% 下降到 2018 年年底的 0.53%。其中 2014 年全县减少贫困人口 1.87 万人，减贫率 33.51%，全县农民人均纯收入 5538.7 元，同比增长 13.6%，1 个扶贫工作重点乡、8 个扶贫重点村基本实现脱贫。2015 年，全县减少贫困人口 1.54 万人，减贫率达到 36.32%；农村居民人均可支配收入达到 6580 元，同比增加 1051.4 元，增长 19.01%；扶贫对象人均可支配收入达到 3820 元，同比增加 503 元，增长 15.2%。2016 年，全县共减少贫困人口 3952 户 15024 人，共有 37 个贫困村脱贫退出。全县农民人均可支配收入达到 7339 元，同比增加 845 元，增长 13%。2017 年，全县有 8686 名建档立卡贫困人口达标脱贫退出。贫困人口下降到 1.44 万人，贫困发生率降至 6.4%。

截至 2018 年年底，全县共退出贫困村 97 个，贫困户 1.49 万户 5.54 万人，剩余贫困村 7 个、贫困人口 251 户 847 人，贫困发生率降至 0.53%，贫困村退出比例达到 93.27%，群众认可度达到 99.82%。2019 年年底 104 个贫困村全部退出，2020 年年底所有建档立卡贫困人口全部脱贫，贫困发生率降为零。

（二）增强了县域经济发展基础

成县以脱贫攻坚统揽经济社会发展全局，不仅实现了整县脱贫摘帽，也奠定了县域经济发展的良好基础。

一是全县经济社会不断向高质量、越稳健、更充分的态势发展。2018 年全县实现生产总值 61.9 亿元，增速 5.7%；一产增加值 10.9 亿元，增速 4.7%；二产增加值 20.4 亿元，增速 1.1%；三产增加值 30.6 亿元，增速 9.4%。完成固定资产投资 23.5 亿元；完成社会商品零售总额 11.4 亿元，同比增长 8%。完成大口径财政收入 12.2 亿元，一般公共预算收入 4.8 亿元，同比增长 1.8%。实现城乡居民人均可支配收入 23540 元、8480 元，同比分别增长 6%、11%。金融机构贷款余额 69.3 亿元，增长 5.5 亿元；存款余额 107.8 亿元，增长 4

亿元。生产总值、工业增加值、财政收入总量持续位居全市前列。县域综合竞争力在全省排行第 15 位。

二是"产业升级"创新转型推动经济结构新调整。成县围绕产业链条短、体系不完整、优势不凸显、品牌不响亮等问题，坚持扩量提质、升级改造、强化产销，全力推进县域经济结构调整和产业发展。持续推进特色产业发展，以农业供给侧结构性改革为动力，积极推广多元化立体种养模式，核桃产量达到 2.49 万吨，草畜、蔬菜、中药材产量达到 3 万吨，牛羊猪鸡出栏 160 万头（只），中蜂养殖达到 4 万群；持续培育龙头企业 26 家、合作社 1062 家，土地确权颁证 4.91 万户，流转土地 9.9 万亩，输出劳动力 5.6 万人，形成了以核桃为主，草畜、中药材、蔬菜、中蜂为辅，精品鲜果、小杂粮等为补充的"一主四辅多元"特色产业布局。

三是持续推进工业跨越发展。成县调度企业满负荷达标生产，促进骨干企业产销两旺，2018 年全年完成规模以上工业增加值 13.1 亿元；实施了厂坝公司 300 万吨采选技改扩能、青岛利和生物萃取、红川酒业新建 2000 吨白酒生产线等一批重点工业项目；厂坝矿区资源整合资产重组效益逐渐显现，县政府在甘肃厂坝公司、红川酒业公司持股预计分红 8880 万元。

四是持续推进旅游全域化发展。成县结合机场通航、全域旅游和大景区建设，积极创建杜少陵祠 3A 级景区，新建投用旅游酒店 4 家，完善了乡村旅游配套设施。2018 年全年接待游客 235.1 万人次，旅游综合收入 12.6 亿元。

五是持续推进商贸服务业发展。成县实施了电商示范突破工程，开展电商培训 54 期，新建网货供应中心及线上平台、网货加工生产线 12 个，全县年电商销售额 6.4 亿元（线上 1.8 亿元），电商扶贫工作被甘肃卫视《扶贫第一线》报道，其机制创新案例被国务院扶贫办评为 2018 年全国电商精准扶贫论坛典型案例。

（三）提升了基础设施和公共服务

成县在脱贫攻坚过程中坚持基础设施先行，为脱贫攻坚奠定了良好的基础。在 2017 年年底全县贫困村基本实现了水、电、路、房、网、党群服务中心、卫生室、广场、幼儿园、电商服务点、金融服务点、专业合作社、互助协会"13 个全覆盖"。村村通上了硬化路，坚持"修通通村路、打通断头路、互通联乡路、连通产业路"的思路。2015 年年底在全市率先实现村村通硬化路目标的基础上，针对 2017 年"8·7"、2018 年"7·10"暴洪灾害部分通村通组水泥路被毁出现"畅返不畅"现状，修复"畅返不畅"和水毁道路 340 公里，实施通村道路窄路加宽工程 75 公里，农村公路生命防护工程 930 公里，硬化和完善村组道路 1158 公里。人人住上了安全房，完成危房改造 1106 户、易地扶贫搬迁 1183 户，开展房屋鉴定 5.8 万户，在全县实现了"人人有安全住房，无一人住不安全住房"的目标。家家吃上了放心水，投资 1.22 亿元，一次性彻底解决全县 15 个贫困村及 97 个非贫困村的安全饮水和水源不稳定问题，使全县农村人口安全饮水覆盖率达到 100％。

（四）改善了农村人居环境

伴随着农村基础设施的完善，成县强力推行"一拆三改两化"专项行动，"全域无垃圾"行动，拆除危旧房 1.15 万户 3.1 万间、废弃烤烟房 230 多座、残垣断壁 3.2 万米，复垦土地 3730 亩，清理垃圾 30 多万吨，落实以奖代补资金 1400 万元。同步开展"七净一整齐"活动和特殊困难人群"五个一活动"（帮助打扫一次卫生、理一次发、洗一次澡、清洗一次床单被套、整理一次衣着），改善人居环境，使全县农村村容户貌发生了根本性改变。

（五）激发了群众内生动力

成县以"孝老敬亲"弘扬传统美德主题实践活动和"除陋习、促文明、倡孝道"助力脱贫攻坚百日行动两项活动为载体，大力推行一系列精神扶贫行动，激发脱贫内生动力。坚持塑造典型示范带动，县乡两级分层次开展道德模范、"最美家庭"、勤劳致富典型等评选表彰活动，选树各类先进典型 390 余人，以身边人和事感化教育群众。同时，制定出台《成县建档立卡贫困户脱贫表彰奖励暂行办法》，先后发放 365 万元对 4553 户脱贫户进行脱贫奖励。坚持村民自治强化管理，组织县文明办、团县委精心创作了"成县村规民约七字歌"，引导群众加强自我约束、革除陈规陋习，共树文明新风。坚持宣传教育文化引领，发动宣传、妇联、团委、文化等部门广泛参与精神扶贫，采取开展主题教育宣讲、举办文化惠民活动、制作脱贫攻坚宣传栏等群众喜闻乐见易于接受的方式，引导贫困户摒弃"等靠要"思想，增强自我发展能力，群众内生动力得到了全面激发。

（六）深刻改善了干部作风

脱贫攻坚主战场就是锤炼干部的"大熔炉"、检验干部的"大考场"、选拔干部的"赛马场"，全县各级各部门拧成一股绳、共谋一盘棋，倾情投入，扶贫济困，为打赢脱贫攻坚战建功立业；全县各级干部担当作为、奋勇冲锋、敢死拼命、精益求精，舍小家、为大家，主动放弃节假日、双休日，与贫困群众携手战胜贫困；干部职工家属充分理解、大力支持、默默奉献，为广大干部安心工作创造了良好条件。全县各级干部作风在脱贫攻坚战役中得到了检验和提升。

（七）奠定了乡村振兴坚实基础

2018 年 1 月 2 日，中共中央、国务院《关于实施乡村振兴战略的意见》指出，紧紧围绕统筹推进"五位一体"总体布局和协调推进"四个全面"战略布局，按照产业兴旺、生态宜居、乡风文明、治理有效、生活富裕的总要求，走中国特色社会主义乡村振兴道路。成县在脱贫攻坚进程中紧扣"四个全面"战略布局，积极践行"五大发展理念"，将脱贫攻坚与乡村振兴相结合，为乡村全面振兴奠定了坚实基础。

一是农村产业结构调整，农业综合生产能力稳步提升，农业供给体系质量明显提高，农村一二三产业融合发展水平进一步提升；二是农民增收渠道进一步拓宽，确立了农村产业发展的战略布局，实现了农民发展特色产业、创业就业的结合，城乡居民生活水平差距持续缩小；三是实现了现行标准下农村贫困人口脱贫、贫困县摘帽的目标，为乡村振兴奠定基础；四是农村基础设施建设深入推进，实现全县农村地区水、电、路等全面覆盖，通过"一拆三改两化"专项行动全面改善农村人居环境，美丽宜居乡村建设扎实推进；五是城乡基本公共服务均等化水平进一步提高，贫困人群的教育、医疗、住房得到全面保障，就业服务、社会救助、养老保障水平全面提升；六是农村基层组织建设进一步加强，干部作风进一步提升，农村工作体制机制进一步健全；七是农村群众内生动力进一步增强，群众自身能力得到提升。成县通过脱贫攻坚完善了乡村发展的体制机制、锻炼了干部工作作风，整合了乡村发展各方力量，奠定了乡村振兴的物质基础，为乡村振兴提供了精神动力。

第二章

科学统筹：谋划脱贫攻坚战略布局

一、以脱贫攻坚统揽经济社会发展全局

以脱贫攻坚统揽经济社会发展全局，对于打赢县域脱贫攻坚战具有重要意义。一方面，贫困的成因具有复杂性和多维性，有效的贫困治理需要统筹各方，最大限度地增强部门之间、政府市场与社会之间的协调性，形成最为广泛的合力，综合性地回应贫困社区和贫困人口的减贫与发展需求。另一方面，县域脱贫攻坚阶段的布局谋篇，需要将各种政策资源和外部发展环境，结合县域实际，"找准发展的路子"，转化为实实在在的减贫与发展成果。

成县以脱贫攻坚统揽经济社会发展全局，体现在县域发展的谋篇布局贯彻了新发展理念的要求，把县域贫困治理纳入全县发展全局来谋划和推进，在谋划县域发展规划、重大建设项目、重大工程时，始终围绕着促进贫困人口参与和分享改革与发展红利，补齐制约县域城乡协调发展的短板因素，为县域贫困地区和贫困人口脱贫增收提供各方面的支撑。

（一）筑牢脱贫攻坚中心地位

成县坚持把整县脱贫作为全县压倒一切的第一要务，把脱贫攻坚作为最大政治任务和第一民生工程，强化"一号工程"意识，把握正确方向，坚持问题导向，聚焦薄弱环节，大力开展精细精确精微的"绣花"式扶贫，集中攻坚深度贫困乡村，努力补齐发展短板。

1. 将打赢脱贫攻坚战置于中心位置

具体来看，成县各级党委、政府与社会各界把精准扶贫作为第一要务，以精准扶贫统揽和推进全县发展，全面落实党政一把手脱贫负总责责任制，各级组织和干部群众围绕扶贫导向，深刻认识和落实精准扶贫的战略决策部署，钻研政策，倾力扶贫。县委、县政府不定期召开常委会、常务会议、现场推进会、书记县长办公会议专题研究扶贫工作，及时解决困难问题。建立了"逢提必下"机制，采取挂职、包抓、联系、帮扶等方式，把扶贫工作成效与干部评先选优和职务职称晋升挂钩，在用人上从扶贫一线提拔任用干部。

2. 构筑党政力量、企业、社会组织等多元主体帮扶机制

坚持把力量和举措倾斜到扶贫上来，以行政推动对焦精准扶贫。成县强化调整了县精准扶贫精准脱贫工作领导小组，建立了县级主要领导包抓特困片区，县委常委包抓贫困乡、特困村，其他县级干部和实力较强的部门单位联系包抓贫困村机制。成县建立健全东西部扶贫协作的企业帮扶机制，实施"结对帮扶三百工程"，将青岛 100 个强镇（街道）、强村（社区）、强企业，一对一结对帮扶成县 100 个贫困乡镇、村，重点聚焦建档立卡贫困户等帮扶项目。与此同时，探索百企帮百村的贫困村（社区）发展援助机制，坚持"政府引导、企业主抓、结对帮扶、合作共赢"的原则，制定重点企业帮扶特殊困难群体相关政策，形成企业与特困人群的"一对多"帮扶模式，总计 127 家企业结对帮扶 115 个村 876 户 2402 人，产业帮扶、生活帮扶多重形式同时发力，实现企业帮扶特殊群体不落一户、不落一人的良好效果。成县积极争取本地企业的慈善捐赠，实施社会工作专业人

才服务贫困地区计划和扶贫志愿者行动计划，既联动本土的慈善捐赠主体，又外联东部地区的丰富资源，成县慈善多主体、多样化的帮扶格局逐渐形成。

3. 资源投入以扶贫为主要领域

坚持把资金和资源汇聚到扶贫上来，以项目驱动锁定精准扶贫。成县紧盯贫困村致贫短板，按照年度减贫项目规划，把一切农村项目向贫困村安排，把可用涉农资金向贫困村倾斜，整合各类项目资金，全面推进农村通畅工程、便民桥建设、村组道路硬化、饮水安全工程、贫困户危房改造，加快贫困村宽带网络工程、标准化村卫生室、文体广场、村幼儿园建设及村小学校改造。

4. 以信息科技支撑贫困治理

坚持把宣传和信息应用到扶贫上来，以业务互动开展精准扶贫，营造"大扶贫"氛围。全县扶贫、双联系统各单位加强对扶贫脱贫政策的宣传，向贫困户印发宣传资料、传授脱贫技能，通过网络和上门入户牵线搭桥，推广特色产业、农业科技知识；建立运行精准扶贫工作微信群和政务微博、乡镇扶贫工作微信群、县扶贫信息网站，及时交流和研讨工作问题和经验，发布和宣传最新政策和文件精神、工作动态、成效亮点，收集并反馈基层干部群众的意见建议和网民留言，为扶贫工作提供指导等等。

在贫困人口建档立卡工作基础上，成县对精准扶贫大数据平台信息采集工作进行全面安排部署，制定了工作方案，明确了工作任务、方法步骤、责任主体和时限要求。同时举办了各乡镇主要领导、分管领导、扶贫专干和驻村工作队参加的业务培训会，学习解读了"1+17"精准扶贫政策方案，明确了精准扶贫大数据信息采集表的科目设置、填写方法、注意事项和具体要求。按照"谁采集、谁负责，谁签字、谁负责，谁录入、谁负责，谁主管、谁负责"的原则，逐级逐人落实工作责任。通过各乡镇、县直相关部门和驻村工作队的不懈努力，按期完成了大数据信息采集录入工作任务。

在全面完成全省精准扶贫大数据平台信息采集工作的基础上，陇南市将成县鸡峰片区列为全市精准扶贫大数据平台建设的试点，县委、县政府高度重视，及时成立了试点工作领导小组，并在扶贫办设立了办公室，配备了办公设施，从乡镇抽调 3 名计算机专业人员，承担大数据平台建设的协调、指导和服务工作，同时明确了相关单位和乡镇的工作任务和试点具体要求。

长久以来，成县坚持把脱贫攻坚作为最大政治任务和第一民生工程来落实，在组织人事保障，资金安排使用、宣传技术应用等重点工作领域均确立了以脱贫攻坚为轴心，各实体部门围绕脱贫攻坚这个核心目标精准发力，为县域经济社会发展明晰了着力点，使全县经济社会发展布局全过程处处体现脱贫攻坚中心地位。

（二）立足县域经济社会发展实际

在中国政府组织结构中，县一级位置十分特殊，发挥着承上启下的作用。党中央的决策部署，各个行业部门的扶贫开发政策和资源，各种社会力量，需要在县一级统筹安排。脱贫攻坚，从战略谋划到微观执行，从识别精准到脱贫精准，均不能脱离县域经济发展实际水平。

1. 立足资源禀赋壮大传统优势产业

成县根据当地自然环境禀赋、经济发展水平，把产业培育作为稳定脱贫的根本之策，大力发展与本地资源相配套、具有市场前景和开发潜力的独特产业。早在 2011 年，成县就被国家林业局命名为"中国核桃之乡"。精准扶贫战略实施以来，成县坚持核桃产业主导地位不动摇，牢固树立"基础在核桃、优势在核桃、出路在核桃"的发展理念，持之以恒落实核桃产业增产增收措施，坚持向管理要效益，推进精深加工、延长产业链条，使核桃产业"产值最大化""长久化"，真正成为群众增收致富的扎根性支柱产业，实现"一业兴、百业旺"。

2. 基于乡镇差异的产业扶贫布局

各乡镇、相关部门因村、因户施策，培育富民产业，拓宽增收渠道，增加收入来源。一方面大力发展特色优势产业扩量提质增效，另一方面引导贫困群众主动参与和加入专业合作社，大力发展能带动群众务工、经营、入股分红的现代农业，大力推广核桃树下发展林药、林果套种和林禽套养的立体农业，通过对良种引进、基地建设、到户扶持和综合管理等关键环节的产业扶持，促进产业提质增效、农民多渠道增收。在富民产业方面，坚持远抓核桃、近抓劳务经营，抓土特产、抓种养业，实现贫困户直接受益和项目落地合作社帮带贫困户间接受益。

3. 挖掘生态资源的旅游扶贫

依托县域自然景观，促进乡村旅游产业健康发展。成县整合资源推进全域旅游，通过招商引资搭建旅游发展平台，主动对接乡村旅游市场，通过配套贫困村公共服务设施，持续完善县城—鸡峰山景区—草滩—太祖山—石门沟景区的百公里环线自驾游设施，启动实施了南山贫困片带生态文化旅游区全域旅游项目，建成了城关镇南山村等三个乡村旅游扶贫示范村；推进了特困片区百公里自驾旅游环线建设及贫困村精品旅游村建设，发展农家乐客栈，促进创业就业增收。

（三）以脱贫攻坚补齐经济社会发展短板

脱贫攻坚是补齐县域发展与农村贫困地区各类短板因素，确保贫困人口与全国人民一道步入小康社会的关键之举，是促进农村贫困地区内生发展动力形成，实现县域脱贫摘帽进而全面建成小康社会的重大战略，在解决发展不平衡不充分问题方面具有重大的战略意义。

1. 借助脱贫攻坚补齐农村基础设施短板

成县坚持把基础设施作为扶贫开发的先决条件，全力补齐补强县、乡、村基础设施和公共服务短板：全县贫困村基本实现了水、电、路、房、网、党群服务中心、卫生室、广场、幼儿园、电商服务点、金融服务点、专业合作社、互助协会全覆盖。早在 2015 年年底就已在全市率先实现村村通硬化路目标；全县 245 个村 1469 个组动力电覆盖率全部达到 100%；此外，成县加大了农村安全饮水设施工程的建设，解决了水源不稳定的问题，保障了全县所有农村人口的安全饮水。

2. 通过教育扶贫补齐自我发展动力短板

扶贫先扶志，扶贫必扶智。解决贫困户思想短板，搭建扶贫内生动力的基石，是促进贫困人口自立自强，提高脱贫攻坚成效的必由之路。在扶志与扶智方面，成县首先是完善教育保障，斩断穷根。全力抓控辍保学，全面落实各学段资助政策，巩固义务教育均衡成果，不断改善贫困乡镇和贫困村义务教育办学条件，全面消除了因学返贫。其次补齐农村人才短板，增强农村人口自我发展能力。立足产业发展和贫困户需求，实施贫困户能力素质提升项目。通过开展"两后生"培训和实用技术、劳务技能等培训，增强了贫困户的发展动力，积累了人力资本，促进了就业，并提高了贫困户的收入。

3. 补齐贫困人群医疗服务短板

在医疗保障方面，成县坚持"一人一策"，制定健康帮扶管理卡，认真落实家庭医生签约服务、门诊慢特病报销及送医上门、送人就医等政策，全面落实建档立卡贫困户"先诊疗后付费""一站式"结算制度，严格执行住院患者全年自付合规费用不超过 3000 元的制度。而对老弱病残等特殊贫困人口，成县也推出一系列针对性政策：全面推行低保线与扶贫线"两线合一"，解决低保、五保、残疾、重病、单亲等"五类人群"生活保障问题，做到了不落一户、不漏一人、应兜尽兜。同时，高度重视三无（无业可从、无法外出、无力脱贫）人员增收，在市上下达 2700 名公益性岗位基础上，增加公益性岗位 343 个，落实建档立卡贫困人口生态护林员岗位 230 个，使全县 3273 名三无人员有了增收保障，人均年收入至少达到 6000 元（生态护林员年报酬 8000 元）。

（四）借助脱贫攻坚实现经济社会发展转型

借助脱贫攻坚实现经济社会转型发展，是根治深度贫困的大胆探索，是把脱贫攻坚作为头等大事和第一民生工程来抓的创新之举，也是与乡村振兴战略有效衔接的必然举措。

1. 脱贫攻坚助推产业发展变革

成县按照"特别特、好中优"的发展思路，立足当地资源禀赋，发展特色优势产业编制一户一策的脱贫计划，紧盯贫困户产业发展需求，精准落实到户产业扶持措施，加快培育特色主导产业和新型经营主体，深入推进农业供给侧结构性改革，农村集体产权制度改革和"三变"（资源变资产、资金变股金、农民变股东）改革，带动贫困户广泛参与产业发展各个环节生产经营活动，着力提升特色产业的组织化、规模化水平，努力拓宽贫困群众稳定增收渠道，不断提高贫困人口收益水平，稳定增加贫困户家庭经营性收入，实现发展产业脱贫一批的目标。以农产品深加工为抓手，持续推进生物萃取、红酒等产业发展。以旅游扶贫为重点，结合机场通航、全域旅游和大景区建设，完善乡村旅游配套设施，县域旅游经济发展迅速。以电商扶贫为突破口，健全电商发展支持体系，电商扶贫工作效果突出。

2. 脱贫攻坚壮大产业发展规模

成县坚持把培育发展富民产业作为贫困群众稳定增收脱贫的主要渠道，在大力发展核桃、油用牡丹、金银花、特色林果、蔬菜等特色优势产业的同时，加快发展市场前景好、周期短、见效快、群众易掌握的土蜂、土鸡养殖和中药材种植等项目，培育多元富民产业。种养殖产业不断扩大。充分利用 4.5 亿元精准扶贫专项贷款、6500 万元扶贫互助资金、产业扶持奖补资金等各类扶持资金，完成核桃树嫁接换优 12.2 万株，完成低产果园改造 8.9 万亩，在贫困村栽植花椒 0.2 万亩。中药材种植达 5.8 万亩，种植油用牡丹 0.67 万亩、魔芋 0.5 万亩、金银花 0.21 万亩、烤烟 0.28 万亩，养殖土鸡 18.31 万只、中蜂 0.25 万箱。乡村旅游产业健康发展。持续完善了县城—鸡峰山景区—草滩—太祖山—石门沟景区的百公里环线自驾游设施，启动实施了南山贫困片带生态文化旅游区全域旅游项目，建成了城关镇南山村、鸡峰镇草滩村、王磨镇浪沟门村三个乡村旅游扶贫示范村。

3. 集体经济发展多样化

在村级集体经济发展上，成县采取贴息、奖励、补助等方式，由县级财政筹资 590 万元开展村级集体经济发展试点工作，支持村集体兴办各类经济实体，通过创办生态农业、农家乐、观光农业示范园等形式发展集体经济；引导和鼓励村两委会成立土地流转合作社，采取"集体+经营主体+农户"等合作模式，村集体向经营主体提供土地流转协调、劳务输出等服务，收取一定的服务费的方式增加集体经济收入；以"保底分红+收益分红"等方式，按照"经营性服务、公益性服务、便民金融服务、电子商务服务"的供销改革目标要求，围绕贫困村特色优势产业，将村集体资源性资产经营权和可经营性资产的使用权通过合同或协议的方式投资入股到农业、林业、供销、农机合作社等经营主体，发展多种形式的股份合作，推动农村资源整合、要素重组、抱团发展，多途径增加村集体收入，发展壮大村级集体经济。到 2018 年全面消除无集体经济收入的"空壳村"，到 2020 年所有贫困村有稳定可持续的集体经济收入来源，有管理制度和运行机制。

4. 新业态经济发展迅速

近年来，以农村电商为代表的新型扶贫手段克服了空间和时间障碍，为贫困地区的产品对外交流提供了新渠道和新方式。成县也抓住此次电商发展潮流契机，把电商扶贫作为整合放大扶贫力量的重要平台，积极推进电商与精准扶贫深度融合的带动机制，着力打造电商全产业链，构建了以行政推进、基础保障、产业支撑、平台服务、宣传推广为主的县域电商生态系统，全县 1127 家各类网店、微店，与贫困户签订带贫协议，帮助贫困群众销售农产品近 3800 万元，使贫困人口人均增收 715 元，直接带动就业 1.38 万人。形成了"一店带多户""一店带一村""一店带多村"的模式，解决了农产品销售难题。同时注重网货开发和供应平台、电商平台建设，健全农产品质量管理体系和溯源追踪体系，推进农产品品牌认证、规范网上销售和宣传营销。

二、长短结合处理脱贫攻坚与长期发展关系

（一）补齐短板夯实长期发展基础

成县在脱贫攻坚的过程中有针对性地将自身短板和优势特点相结合，通过精准扶贫相关政策补齐制约成县长期发展的短板条件，主要围绕地区发展不平衡、基础设施落后和产业基础薄弱等劣势条件开展针对性的应对措施，同时最大程度地兼顾长期发展目标，在补齐短板的同时夯实了长期发展的基础，为成县将来的持续发展提供了良好的条件，具体体现为以下几个方面。

1. 补齐地区差异短板，推动总体协调持续增长

成县位于甘肃省东南部，地处西秦岭余脉南麓，受自然条件和地理位置的影响，成县的贫困人口大都集中在条件比较恶劣，自然灾害多发，地理位置偏远，资源贫乏的区域，尤其以鸡峰镇、二郎乡两个特困片区为主。特困片区的存在给脱贫攻坚工作带来了难度和挑战，直接影响着成县脱贫攻坚整体进程，同时地区差异的存在也会带来人口、资源、经济等不平衡的增长，不利于区域整体协调和发展规划制定，给成县的长期发展带来隐患，亟须采取措施补齐区域发展差异的短板，从而为总体协调持续增长打下基础。

基于此，成县县委、县政府全力推进落实"1236"扶贫攻坚行动、"433"发展战略和"1+17"精准扶贫措施，把鸡峰、二郎特困片区作为扶贫攻坚主战场，兼顾30个插花型贫困村，集中整合项目资源，全面推进"双联"行动与精准扶贫深度融合，结合其他地区发展优势，点面结合，精准发力，逐步改善制约区域发展的条件，加

强地区之间的互联互通，在实现片区扶贫开发成效明显的同时逐渐补齐地区差异的短板。

2. 补齐基础设施短板，夯实综合发展基础

经济的发展、产业的兴旺无不需要公共基础设施的支持和保障，由于成县整体经济发展水平低，部分村庄尤其是贫困村的基础设施和公共服务长期处于落后短缺状态，这些薄弱的公共基础设施影响着村民的基本生活水平，也难以为产业发展和集体经济壮大提供支持，无法满足长期发展的需要。

因此成县在脱贫攻坚过程中把基础设施建设作为扶贫开发的先决条件，整合筹措 5.5 亿元资金，积极推进落实"1+17"精准扶贫措施，全面完善公共设施，全力补齐补强县、乡、村基础设施和公共服务短板。全县贫困村基本实现了水、电、路、房、网、党群服务中心、卫生室、广场、幼儿园、电商服务点、金融服务点、专业合作社、互助协会"13 个全覆盖"，城乡面貌发生了巨大变化，为长期发展提供了良好的基础和条件。

3. 补齐产业发展短板，提高产业发展能力

经济的长期发展需要资源的供给和产业的支撑。从现实因素看，成县很多贫困村发展产业欠基础、少条件、没项目，即使有产业项目，也存在结构单一、抗风险能力不足等问题，造成了就业岗位少、工资少的问题，对贫困户的带动作用有限，另外贫困村村民因学返贫、因病返贫、因婚返贫等问题也比较突出，成为制约成县产业发展的短板。

针对贫困村缺钱、缺资源的现实情况和村庄拥有人力和土地资源优势，成县县委、县政府选择了畜牧业、林业等能够稳定长期发展的特色产业项目，并建立农民专业合作社提高产业稳定性和抗风险能力，认真落实"1236"扶贫攻坚行动和"1+17"精准扶贫措施，累

计发放精准扶贫贷款 1.8 亿元。全县完成核桃树高接换优 10.3 万株，开展核桃树综合管理 36.11 万亩；在贫困村种植中药材 1.4 万亩、种植烤烟 0.6 万亩，发展散养土鸡 25.86 万只，土蜂养殖 700 箱，新增农民专业合作社 51 家，特色产业规模进一步扩大、产值效益进一步提高，有效拓宽了富民增收的路子，在解决当前贫困问题、补齐产业发展短板的同时又为将来产业项目的长期发展奠定了基础。

4. 补齐村民致富能力短板，提升贫困人群收入增长稳定性

受到历史、地理等多种因素的影响，成县许多贫困村社贫困群众总体文化程度低，现代文明程度低，存在陈规陋习，一些贫困群众安于现状，脱贫内生动力严重不足，自我脱贫能力依然较低，存在着贫困代际传递的情况。针对村民致富能力低的短板，成县县委、县政府积极加强教育，进一步提升农村劳动力致富技能，采取送技上门行动，立足产业发展和贫困户需求，整合各类劳动力培训资源，开展了各类就业、创业技能培训，进一步提升了贫困人群的增收能力，实现了贫困人群收入的稳定增长。

（二）脱贫致富激发长期发展动力

成县通过发展产业、推广扶贫车间和"三变"改革等措施，产生大量就业岗位，大幅提高村民收入，推动了脱贫攻坚进程，并在这一过程中打造了良好的产业基础，增强了村民脱贫致富的信心，同时结合精神扶贫等方式进一步激发了村民的内生动力，为成县的长期发展提供了强力支持。

1. 推动产业扶贫发展创新，全面促进群众增收

成县按照"村有主导产业、户有增收门路、人有一技之长"的

思路和甘肃省"两个70%"和人均5000元、户均2万元的产业投资比例要求，整合涉农资金1.79亿元，大力扶持到户产业，为全县有产业发展需求的贫困户每户配置产业资金，为贫困群众发放仔猪、仔鸡和中蜂、中药材等，大力发展适合家庭生产的畜牧业和养殖种植业，保障了"一户一策"产业帮扶计划和措施的如期见效。

同时，成县还根据地区优势大力发展核桃产业，落实核桃产业发展资金800万元，管护核桃树10万亩，防治病虫害40万亩，使全县有产业发展需求和能力的贫困户，户均产业扶持资金达到3400元，有发展能力的易地扶贫搬迁户，户均产业扶持资金达到2000元。核桃产业加速推进，全县核桃坚果产量、产值、农民人均核桃收入再创新高。"成县核桃"通过国家地理标志产品认证。在核桃产业的带动下，工业经济在逆境中加快转型，实现了稳步增长。农业发展基础进一步夯实，特色产业规模不断扩大。第三产业快速发展，电子商务实现集中突破，全县发展网店625家，销售额突破7000万元。举办了陇南成县核桃产销对接商贸洽谈会暨淘宝网"特色中国·陇南馆"开馆仪式。探索出了山区发展农产品电商新模式，为构建电子商务"陇南模式"奠定了基础。阿里巴巴集团把成县列为"千县万村"计划西部第一个试点县。三次产业结构比例为18.7∶41.9∶39.4，经济结构更趋合理。

2. 推广扶贫车间，增强自我发展的示范性

根据村庄实际发展需求和村民实际需要，针对村民外出打工和照顾家庭的矛盾，成县积极采取措施协调二者关系，按照"政府主导、企业带动、农户参与"的方式，在贫困群众家门口建立"扶贫车间"，努力实现就近设岗、就业致富，统筹工作和家庭的关系，让群众就地就业，实现就业增收、照顾家庭两不误，在帮助村民就业致富的同时解决了他们的后顾之忧，发展思路与方法的村庄示范激发了村民进步发展的动力。成县已建成扶贫车间19个，带动346名困难群

众就业，1791 户贫困户发展产业。

3. 推进"三变"改革多渠道增加收入

在脱贫攻坚的过程中，基于村民自身条件和产业发展的需要，成县积极推进土地资源变资产，资金变股金，农民变股东的"三变"改革，并在此基础上结合成县丰富旅游资源、农业产业基础和生态环保理念，形成了"三变+旅游扶贫""三变+生态休闲观光业""三变+中药材产业扶贫""三变+特色产业+生态旅游"等多种发展模式，投入扶持发展资金 1020 万元，实现土地资源变资产 5833 亩、资金变股金 9846.8 万元，农民变股东 9725 户，兑现"三变"分红 710 万元，多渠道增加了村民的收入。

4. 以文化振兴为灵魂，培树乡村振兴新风尚

扶贫更要扶志。成县县委、县政府在帮助村民脱贫致富的同时也注重其精神方面的引导，注重扶贫同扶志、扶智相结合，把提高脱贫质量放在首位，把激发贫困人口内生动力、增强发展能力作为根本举措，以社会主义核心价值观为引领，坚持教育引导、实践养成、制度保障三管齐下，采取符合农村特点的有效方式，推动社会主义核心价值观在农村落细落小落实，并通过实施公民道德建设工程、塑造典型示范带动和村民自治强化管理以及因人施教督促改正等方法大力推行一系列精神扶贫行动，引导贫困户摒弃"等靠要"思想，激发脱贫内生动力，增强自我发展能力，通过培树一批群众看得见、摸得着、信得过的身边典型，激励人们比学赶超、向上向善，使讲文明、树新风成为农民群众的自觉追求。

（三）搭筑平台增强长期发展动能

成县通过搭建产业发展平台、电商扶贫平台、精准扶贫大数据和

人才建设等平台，积极改善营商环境，为企业提供充分发展的机会，积极开展农产品加工销售、电商扶贫等业务，增强了成县长期发展的动能。

1. 以培育龙头为抓手的产业发展动能提升

成县通过培育龙头搭建产业发展平台，坚持"抓产业必须抓龙头企业和合作社、扶持龙头企业和合作社就是扶持产业发展"的理念，发力培育和壮大新型经营主体，积极探索利益联结机制，带动贫困群众全面参与。2020年年底，全县培育农业龙头企业27家，发展农民专业合作社1062家，吸纳成员6454人，带动农户19159户，其中贫困户5620户，在解决就业增收的同时也产生了一批长期稳定且致富能力强的企业，增强了成县长期发展的动能。

2. 以搭建电商平台为举措的消费扶贫新动能

成县把电商扶贫作为整合放大扶贫力量的重要平台，全方位构建行政推进、基础保障、产业支撑、平台服务、宣传推广"五位一体"的电商扶贫系统，全面落实市委"1333"电商发展举措，坚持政府主导、企业主体、市场运作、社会参与，推进"全国电子商务进农村综合示范县"建设工作，努力构建电子商务发展大生态。不断深化和完善网店、平台、就业、信息、入股、产业六条增收渠道，把贫困村和贫困户嵌入电商全产业链，打造了电商扶贫"成县模式"，在电商消贫带贫方面取得了明显成效。

通过搭建电商平台，成县积极推进建成并运营了陇南电商产业孵化园、顺通电商物流产业园等项目，引导支持大量关联企业和广大创业者入驻园区并高效运营，大力支持申通陇南公司、德邦等物流重点企业以及本土物流快递企业拓展业务，力争建成全市物流集散中心。在产品方面，基于成县核桃、土蜂蜜、精品鲜果等品牌优势，在电商助力下，加大网货开发力度，推动建设陇南农产品（核桃）交易中心，增强产品市场竞争力，并形成电商发展产业聚集区。在运营方面，成县坚持整合资源、抱团发展，建成全市农产品网货供应中心，组建规范有序的农产品网货供应平台，扶持一批具有生产、加工、检测、包装能力的农产品电子商务企业，进一步规范提升"特色中国·陇南馆"、农村淘宝、农村市集、蚂蚁市集、陇南生活网等网上平台运营水平。在服务体系方面，成县全面推进"宽带网络覆盖工程""快递网点覆盖工程"等电商配套服务体系建设；抓好电商人才培训和队伍建设，打造全市电商人才集聚中心，鼓励大众创业；拓展"互联网+"领域，创新县域经济发展新业态。

3. 以人才建设为核心的人力资源动能激活

建立健全人才工作机制，突出引育聚用吸纳贤才。针对先进管理人才和实用技术人员缺乏的现状，成县不断增强专业技术人才的培养、引进、使用力度，创新乡村人才培育引进使用机制，研究制定鼓励专业技术人才参与乡村振兴、外出务工人员回乡创业的政策。同时，围绕农业发展方式转变和乡村振兴的需要，重点围绕种植业、养殖业、农产品加工业、电子商务、乡村旅游和休闲农业等领域培训创业型农民，开展菜单式的实用技术培训，统筹用好县内各类培训资源，提升"土专家""田秀才""农创客"等实用性人才队伍科技素质。通过发展电子商务等产业，鼓励和吸引一批外出务工人员和大中专毕业生返乡创业，"产业富民留人"工程有效开展。在驻村干部队伍方面，成县县政府积极树立"聚焦精准扶贫和基层一线"的选人用人导向，2016 年以来提拔乡镇及精准扶贫一线干部 139 名，占75.1%，其中第一书记、帮扶工作队队员、党建指导员 30 名。

在人才工作机制的作用下，成县先后引进测绘、教育、卫生、农林、金融等领域高层次急需人才 17 名；邀请省内外知名医院专家到县级医疗机构交流坐诊 32 批 67 人次；选派乡、村干部参加省、市调训 283 人次；向东西部扶贫协作中联系帮扶成县的青岛市城阳区选派挂职干部，组织党政干部赴青岛参加培训 2 期 100 人次，选派教育、卫计系统 571 名专业技术人员赴城阳区学习培训；培训新型职业农民 3.2 万人次；向 104 个贫困村选派驻村帮扶队员 504 名，向 141 个非贫困村选派 282 名驻村工作组员，实现村村都有帮扶力量。

（四）利益共享实现益贫性增长

成县在发展经济、扶持企业、增加就业的同时也重视资源的合理分配，通过发展产业和村集体经济为村民提供额外固定收入，采取土地入股分红、工作分红等切实的增收途径实现发展的利益共享，从而推动成县经济的益贫性增长。

1. 产业配股分红生财

成县县委、县政府安排资金入股到龙头企业、农民专业合作社中，与其签订结对带贫协议，通过产业配股的形式为全县 9562 户贫困户按照不低于 10% 的比例保底分红。其中：为 1487 户未脱贫户，户均配股 1.9 万元；为 938 户易地扶贫搬迁户，户均配股 2.06 万元；为 155 户巩固提升户，户均配股 0.9 万元；为 2014 年退出的 3104 户贫困户，户均配股 0.4 万元；为 3878 户农村一、二类低保和特困供养人员，户均配股 0.4 万元。

2. 注资扶持集体生财

成县县委、县政府充分发挥集体经济的作用，鼓励支持集体经济发展，2017 年、2018 年连续两年累计投入资金 2040 万元，扶持全县 245 个村发展壮大村集体经济。其中：按照每村 10 万元标准，注入 104 个贫困村，入股到农业经营主体带贫增收，使村村都有了 2 万元以上的集体经济收入；投入 745 万元到 141 个非贫困村，一次性补齐了 245 个村集体经济发展资本金，全面消除了村集体经济"空壳村"

现象。集体经济的发展提高了村庄的整体收入，为村庄基础设施建设、村民就业增收等都带来了切实的影响。

三、点面结合构建经济社会发展蓝图

（一）以贫困地区可持续发展为导向，优化县域经济社会发展规划

成县在谋求自身发展的同时，始终坚持可持续发展的导向。在完成如期脱贫的目标之上，坚持长短结合，妥善处理好如期脱贫与长期致富之间的关系，以促进本地区可持续发展。为了完成既定的脱贫目标，当地政府优先安排和扶持中短期能够较快见成效的产业脱贫项目，确保完成脱贫目标。同时，为了保障后续的可持续性发展，当地政府对当地情况进行调查，并且因地制宜地提出中长期区域发展规划，对一些能持续增收致富的产业发展项目，同样也予以大力的支持。

1. 以益贫性为基本原则引导产业发展的综合效益

为了保障多样化可持续性发展，成县政府重新对当地产业进行规划，对各个产业重新进行功能定位，使工业、农业、文化旅游产业发展相得益彰。在工业发展中，当地政府坚持把主导工业旺产旺销、非公经济业态激活、园区拓展引资引企作为新型工业化的"支撑点"，通过实施"兴工强县高质量发展攻坚行动"，以科技创新为支撑，以资源整合为保障，以园区建设为依托，以非公经济为动能，以招商引资为切入点，使传统矿业产业生产效能得到优化提升，并且也逐渐走上绿色发展之路，当地工业经济的质量及总量逐步得到提升。为了响

应国家支持传统产业改造升级、循环经济、绿色工厂等政策号召，当地政府强力推进工业骨干企业"一企一策"和重点项目恳谈协调。敦促各企业加快提升传统工业，并且积极帮助企业解决在产销和转型等方面遇到的具体困难，促进重点企业旺产旺销，使得全年工业增加值达14亿元以上。同时当地政府还注重激发非公经济业态的活力，充分落实非公经济和民营企业发展的各项政策，培育优质中小微企业，吸引民间投资。为了发挥园区引资引企的作用，当地政府加快了园区建设和产业协作项目进度，通过出台企业出城入园和奖补政策，来促进企业、项目、资金、人才的集聚。

2. 以品牌建设与产业链条延长为核心的农业可持续发展

在农业发展中，当地政府坚持把挖掘特色优势、打造特色品牌、健全产业链条、农业提质增效作为农业产业化的"发力点"，全力实施"农业高效益发展攻坚行动"。当地立足自身特色优势，围绕着"整县核桃全覆盖、川坝精品果蔬菜、林下土蜂中药材、两山环线旅游带、农村电商新业态"的思路，做优核桃主导产业，做强草畜、中药材、蔬菜、中蜂等"四辅助"产业，在结合当地特色优势的同时又极大地提高了农业用地的使用效率。通过加快发展农产品精深加工、乡村旅游、休闲康养、电子商务等绿色业态，延长农业发展链条，实现农业就地延链增值。此外，当地也将千家专业合作社、富民公司纳入新型农业发展体系之中，通过推进种养基地和订单生产，使当地的蓝莓浆果种植达到3500亩，建设田园综合体示范园，建成农产品加工企业6家、果蔬保鲜库66座，划定粮食生产功能区15万亩，有效地推动农业现代化的发展。

3. 以"三产融合"为思路的文化旅游产业扶贫

在文化旅游产业发展中，当地政府坚持把文化旅游资源开发、电子商务线上线下应用、商贸服务百业并举作为培育新兴产业的"突破点"，实施"第三产业高融合发展攻坚行动"，打响"千年古县"的品牌知名度，切实提升成县在空港及"大九寨"旅游黄金线上的综合承载功能及旅游服务能力，以三大景区为带动、特色资源为驱动、产业融合为方向、城市旅游为辐射，整合"文、商、养、学、闲、情、奇"等旅游要素，完善旅游产业结构、产品结构、产业链条。把全县当作一个整体景区进行规划、建设、管理和营销，推进旅游全地域覆盖。在电子商务运用中，当地政府充分发挥电商协会、平台和公共服务体系作用。大力扶持现有电商企业和网店，落实物流快递补贴，稳步推进电商扶贫车间建设，解决电商企业、网商融资问题。有效地促进了第三产业高融合发展，推动了文化旅游产业的进一步发展。

（二）以壮大贫困村集体经济为抓手，增强集体经济实力

集体经济薄弱，是许多贫困村面临的共性问题，加快发展贫困村村级集体经济是脱贫攻坚的一项重要任务，是退出贫困村的一项基本条件，同样也是保障群众共同致富的重中之重。成县政府在脱贫攻坚过程中，面临着集体经济发展缓慢，基础薄弱，"空壳村"现象严重等多方困境，发展壮大村集体经济任务紧迫而艰巨。

1. 集体经济发展被激活

2017年当地政府相继出台了《关于进一步发展壮大村集体经济的意见》《关于下达2017年建档立卡贫困村发展壮大集体经济扶持资金的通知》，细化了目标任务，提出了多种模式的村集体经济培育渠道，推动村集体经济规模化、组织化、市场化发展。当地政府十分注重集体经济发展经验的总结复制与推广工作，通过对六盘水"三变"村集体经济发展经验的考察学习，当地政府在陈院镇梁楼村、

镡河乡石榴村、纸坊镇庙下村、鸡峰镇长沟村、二郎乡店子村和武坝村 6 个村先行开展资源变资产、资金变股金、农民变股东的"三变"改革试点工作，创新建立以村两委为主导的多元合作化发展机制。通过发展"支部+协会+股民（农民）"，利用好 1200 万元的产业发展基金，激活农村资源，引导群众以土地、林地以及公共服务设施等入股收益，既让农民从资产入股中获得持续收益，又让村级集体经济不断发展壮大。让群众参与投资经营、参与产业发展、参股分红，取得了显著成效。随后，当地政府总结经验，推广典型，在全县开展了村集体经济建设工作。在当地县委组织部、县农牧局及各乡镇的配合下，当地政府通过一系列措施在全县 104 个贫困村顺利建立起了村集体经济，有效地激发了村集体经济活力，壮大集体经济。

2. 集体经济发展援助体系日益健全

当地政府在对于村集体经济发展中主要采取贴息、奖励、补助等帮扶措施。由县级财政筹资 590 万元开展村集体经济发展的试点工作，大力支持各村集体因地制宜，根据自身发展实际来兴办各类经济实体，通过创办生态农业、农家乐、观光农业示范园等形式多措并举来发展集体经济。当地在发展集体经济过程中主要通过"集体+经营主体+农户"等合作模式，由村两委成立土地流转合作社，村集体向经营主体提供包括土地流转协调、劳务输出等多项服务，并按照市场价格收取一定的服务费来用于增加集体经济收入。并且以"保底分红+收益分红"等方式，按照"经营性服务、公益性服务、便民金融服务、电子商务服务"的供销改革目标要求，围绕着贫困村特色优势产业，将村集体资源性资产经营权和可经营性资产的使用权，通过合同或者协议的方式、以投资入股的形式入股到农业、林业、供销、农机合作社等经营主体。在资源整合中，当地重点发展多种形式的股份合作，坚持"抓产业必须抓龙头企业和合作社、扶持龙头企业和合作社就是扶持产业发展"的理念，大力培育和壮大新型经营主体，积极探索龙头企业、合作社、贫困户之间的利益联结机制，带动贫困户全面参与。通过发展多种形式的股份合作，将龙头企业、合作社紧密联系，既推动了农村资源整合、要素重组、抱团发展，为企业的发展提供了更加充足的资源支持，又实现了多措并举来增加村集体经济总量，发展壮大了村集体经济。

（三）以贫困人群可持续增收为目标，提高经济社会发展的主体性

保障贫困人群稳定脱贫不返贫是检验脱贫成效的关键所在，当地政府将保障贫困人群可持续增收作为工作目标，着力提高经济社会发展的主体性。

1. 产业发展的可持续性

在成县，产业扶贫是核心，更是实现脱贫致富的根本之策和长远之计，持续打造以核桃产业为主导，草畜、中药材、蔬菜、中蜂为辅的"一主四辅"产业，全面促进群众增收。按照甘肃省"两个70%"和人均 5000 元、户均 2 万元的产业投资比例要求，整合涉农资金 1.79 亿元，大力扶持到户产业，使全县有产业发展需求的贫困户户均到户产业资金达到 2.24 万元。注重产业到户实业生财，落实产业发展资金 3448 万元，通过发放仔猪、仔鸡、中蜂、中药材种子、核桃、花椒、大樱桃苗木等为贫困群众配备实物产业，保障了"一户一策"产业帮扶计划和措施的如期见效。

2. 可持续就业能力提升

当地政府注重就近设岗就业生财，积极实施就业扶贫，保障贫困户及脱贫户能够自力更生，自食其力。当地政府围绕市场需求和劳动者意愿实施精准培训，实现贫困家庭有培训需求的劳动力职业技能培

训全覆盖，设立公益性岗位，开展劳务协作，推进就地就近转移就业，促进已就业贫困人口稳定就业，有劳动能力和就业意愿的未就业贫困人口实现转移就业，实现通过劳务就业持续脱贫的目标。在乡村振兴公益性专岗项目就业扶贫中，当地政府秉持着贫困户就近就地就业的原则，创新开发农村保洁、自来水管护、护路等辅助性岗位，组织贫困劳动力在家门口就业或参与公共服务。并且对符合条件的贫困家庭劳动力，积极实施就业援助。

此外，为了扩大贫困群众就业途径，当地政府依托省市定点帮扶、东西部扶贫协作等帮扶单位和资源，积极与定点帮扶单位开展沟通，为定点帮扶单位所在地深化劳务协作，设立了专门的劳务工作站，加强劳务输转，提高劳务输转组织化程度。为了提高贫困户的就业竞争力，当地政府开展了各种就业能力培训项目，以就业为导向，积极组织贫困劳动力参加劳动预备制培训、岗前培训、劳务品牌培训、订单培训和岗位技能提升培训，通过各种培训，全面提高贫困劳动力的就业能力和创收能力。

同时，当地政府积极打造就业扶贫品牌工程，依托省内"千企帮千村"活动，开展精准扶贫爱心企业创建活动，动员用工企业积极履行社会责任。并且还通过遴选一批管理规范、社会责任感强、岗位适合的扶贫企业来打造当地的扶贫品牌工程，以此来吸引更多的用人单位积极参与到就业扶贫工作之中。为了吸引优秀人才回流，当地政府制定了多项扶持贫困劳动力返乡创业政策，引导和扶持贫困家庭劳动力返乡创业。并且严格落实每一项扶持贫困劳动力返乡创业政策，对贫困劳动力提供包括人力、财力、物力等各方面的资源照顾，真正实现创业带动就业。在当地县人社局、扶贫办、妇联、农牧局及各乡镇的通力配合下，当地出台了包括"雨露计划'两后生'培训项目""劳务技能培训项目""妇女创业培训项目""新型职业农民培训项目"等多项政策，共计投入1190万元帮扶资金，真正实现了就业扶贫项目贫困人群全覆盖、内容全覆盖，保障了贫困人群可持续性发展，促进了社会经济发展。

3. 贫困人群可持续增长机制的可持续性

当地政府十分重视配股分红、以股生财，安排农业经营配股项目5014万元，采取入股农业经营主体的方式，为全县2014—2017年已脱贫的10041户贫困户，户均配股6300元，分三年每年按照10%的比例保底分红，入股到龙头企业、农民专业合作社，并且与其签订结对带贫协议，保障每一个贫困户都能享受到帮扶，确保贫困户能够持续稳定增收。

在"扶贫车间"就业扶贫模式中，当地政府按照"政府主导、企业带动、农户参与"的方式，号召扶贫企业在贫困群众家门口建立"扶贫车间"，让群众能够就地就业，兼顾就业增收与照顾家庭，从而真正实现可持续性脱贫。全县已经建成扶贫车间19个，直接带动346名困难群众就业，1791户贫困户发展产业。

第三章

融合共建：基层党建引领脱贫攻坚

实施精准扶贫是新时期党的建设工作的重要领域。加强基层党组织建设对于打赢脱贫攻坚战役意义重大，想要顺利完成脱贫攻坚的目标，离不开党中央的指挥领导和基层党组织对于方针政策的贯彻落实。

基层党建和脱贫攻坚相辅相成、互推互进。基层党组织的建设水平和工作能力对于精准扶贫的落实十分重要，同时脱贫攻坚战役也为基层党建的建立健全搭建了良好的平台，不断促进基层党组织的成长和发展。积极探索以党建带动扶贫、以扶贫促进党建的创新模式，真正把党的组织优势转变成扶贫发展优势，不断提升基层党组织的建设创新，对于实现精准扶贫、精准脱贫具有重要的意义。在脱贫攻坚中，成县以党建引领、帮带联动为载体，强化组织保障助推脱贫。在工作中坚持把基层党建与精准脱贫深度融合，按照"融入扶贫抓党建、抓好党建促脱贫"的思路，全力实施基层党建先锋引领、产业富民、干部能力提升、法治廉政教育、干部"安心"、阵地建设提升"六项工程"，把建强基层组织，选优配强班子，强化制度保障，激发基层活力作为党建助推精准扶贫的重要内容，有效助推了脱贫攻坚。基层党建工作从创新开始，重视脱贫的重要性，有利于社会的稳定和人民生活的幸福，积极开展工作，把握时代方向，在创新基层党建模式的助推下实现精准扶贫、精准脱贫。

一、六化联动创新基层党建体系

成县积极创新农村基层党组织活动载体，通过创新党建扶贫模式、打造党建扶贫平台、构筑党建扶贫阵地、发挥党建示范作用来引领精准扶贫，为打好脱贫攻坚战提供有力的组织保障。在成县的脱贫攻坚中，创新党建扶贫模式，实施六化联动，六个方面同时发力，相互配合，相互协调，共同推进，提升了党建工作的系统化水平，带动了各项工作的科学化、规范化开展。

（一）创新模式

精准扶贫是实现全面建成小康社会的重要抓手。积极探索创新基层党建模式，带动精准扶贫、精准脱贫工作，真正把党的基层建设优势发展到农村，让农民获得实惠，是新时期基层党建工作的重要任务。成县在脱贫攻坚的过程中实行六化联动的模式，通过运用科学的方法进行谋划、建立健全责任机制、严格抓规范树标杆、采用"互联网+"的信息化新模式等一系列的举措，各个方面集体发力，共同配合，创新基层党建模式，为脱贫攻坚提供坚实的堡垒。

1. 完善责任体系，严格督查考评

在脱贫攻坚中，明确的责任分工和严格的监督考核体系，有利于充分发挥基层党组织的领导作用，是巩固基层党建扶贫工作的基础。在脱贫攻坚工作中，成县坚持把整县脱贫作为全县压倒一切的第一要务，坚持片区就是战区。在六化联动实施过程中，成县强化主责主业意识，压实各级党委（党组）书记认真履行党建工作第一责任人职

责，层层传导责任，建立健全党建工作目标管理、检查考核、述职评议机制，推动各级党组织在管党治党上真正做到真管真严、敢管敢严、长管长严；成县强化督查考核，全面落实县委常委包抓乡镇党建和县委、县政府、县级党员领导干部包抓机关事业单位党建工作联系点制度，实行党建工作目标管理责任制，健全"六位一体"考评体系，坚持月督查、季考核、年总评，奖优罚劣确保各级党组织真正把党建工作抓在手上；成县强化问追责，全面落实《中共陇南市委办公室关于对乡镇党建工作实行目标管理考核的意见》和《成县基层党建工作问责办法》，对各基层党组织在落实党建主体责任、领导班子自身建设、基层组织建设、党员队伍建设等方面工作不力的坚决进行问责，以严肃问责倒逼责任落实，以最严措施、最严纪律、最严督查保障脱贫攻坚成效。

2. 运用科学方法，合理规划路径

按照科学的模式和理念开展贫困治理，是保证扶贫实效的前提。要实现扶贫工作的科学化，就要从实际出发，多深入群众，多做调查研究，形成好的扶贫工作思路。成县的六化联动中成立了专门的脱贫攻坚工作组，合理制定脱贫目标，科学谋划发展路径，多举措共同发力，先试点后推广，使脱贫攻坚工作更加科学化和标准化。

在脱贫攻坚中，成县为提升工作的科学化，一方面成立了脱贫攻坚组织保障专责工作组，专门负责抓党建促脱贫攻坚工作的牵头抓总、督导推动，并对专责任务进行科学谋划、合理分工，建立健全运行机制，构建形成了组织部门牵头抓总、各成员单位密切配合、专责工作组成员分工负责的责任体系，强化了抓党建促脱贫攻坚组织基础。另一方面努力做到精心谋划、合理分工和定期研究。首先是对抓党建促脱贫攻坚工作进行总体谋划，制定年度工作计划，明确年度目标任务，按阶段、有重点确定推进措施、责任人和完成时限，细化了专责组各成员单位职责，为推动抓党建促脱贫任务落实理清了思路、凝聚了合力；其次是根据专责工作组职责，按照专责成员单位特点，对专责任务合理分工，明确了成员单位的具体任务分工，确保了脱贫攻坚各项任务落实；还有实行组长负责制，指定专人进行衔接协调，经常开展督导检查，召开工作组会议商议解决存在的问题，使得抓党建促脱贫攻坚各项任务能够有效完成。

3. 打造智慧平台，加强动态管理

随着社会的信息化网络化发展，大数据驱动下的精准扶贫管理新模式开始形成，通过打造大数据平台，可以整合共享、统一管理数据，这些举措成为提升政府治理能力的重要手段，提高了社会治理的精准性和有效性。

2015 年 9 月 10 日，甘肃省被列为国家扶贫办全国大数据平台建设试点省份，成为在全国率先探索建设精准扶贫大数据管理平台的省份。成县在脱贫攻坚工作中有效地推进了基层党建传统优势与信息技术深度融合。成县采取措施使精准扶贫大数据平台建设规范运行。在贫困人口建档立卡工作基础上，成县对精准扶贫大数据平台信息采集工作进行了全面的安排部署，制定了工作方案，明确了工作任务、方法步骤、责任主体和时限要求。同时举办了各乡镇主要领导、分管领导、扶贫专干和驻村工作队参加的业务培训会，学习解读了"1+17"精准扶贫政策方案，明确了精准扶贫大数据信息采集表的科目设置、填写方法、注意事项和具体要求。按照"谁采集、谁负责，谁签字、谁负责，谁录入、谁负责，谁主管、谁负责"的原则，逐级逐人落实了工作责任。在全面完成全省精准扶贫大数据平台信息采集工作的基础上，将成县鸡峰片区列为全市精准扶贫大数据平台建设的试点，县委、县政府高度重视，及时成立了试点工作领导小组，并在扶贫办设立了办公室，配备了办公设施，从乡镇抽调计算机专业人员，承担大数据平台建设的协调、指导和服务工作，同时明确了相关单位和乡镇的工作任务和试点具体要求。

在互联网上建立扶贫大数据，动态掌握贫困人口的基本信息，确保数据的准确性，及时地维护扶贫数据，做好数据的动态管理，提升数据的时效性，有利于及时地调整各方面的工作，制定下一步的发展计划，极大地提升了脱贫攻坚工作的效率，保障了各项任务的有序进行。

（二）多元化联动抓党建精准发力促脱贫

脱贫攻坚不是某一个部门或者某一个人员的工作，它是需要凝聚各种力量，最大化地参与精准扶贫的工作；脱贫攻坚也不是紧紧围绕一方面的内容开展工作就可以完成，它涉及各个方面，环环相扣。在精准扶贫中，成县紧紧围绕服务保障脱贫攻坚，持续聚焦"六个精准"，推动实施"六化联动"。在成县的六化联动模式中，包括六个方面的内容，第一个是推出"清单式"管理方式，明确各个部门各级人员的工作职责，推动基层党建的责任化；第二个是根据成县的实际情况，因势利导制定发展策略，推动基层党建的实效化；第三个是制定一系列的措施保证工作过程的规范化，推动基层党建标准化发展；第四个是发挥榜样的力量，树立示范和标杆，培育自己的党建品牌，推动基层党建品牌化；第五个是利用网络开展党员教育、建立扶贫动态大数据，创新基层党建的发展模式，促进信息化建设；第六个是制定发展计划，科学统筹和谋划，推动和基层党建项目化。通过六化联动的发展模式，建立健全党建责任机制，把全面从严治党拓展和延伸到了最基层，为实现全县整体脱贫目标提供了坚强的组织保证。

1. 聚焦主业厘清单，推动基层党建责任化

强化基层党建工作的责任制是积极推动精准扶贫工作的重要保证，所以要推动基层党建工作与精准扶贫深度融合，充分发挥基层党组织在精准扶贫工作中的巨大带动作用。成县在脱贫攻坚中大力推行

"清单式"管理，分别制定了任务清单、问题清单、责任清单和机制清单，将党建任务细化到人、量化到岗，更有效地压实党建责任，形成发展的合力。

在成县制定的清单中，第一个是任务清单，签订责任书，明确各个部门的工作任务，在任务的推动下扎实有序地开展工作；第二个是建立了问题清单，对述职评议、各级暗访、平时督查和资料调阅中发现的问题，全部建立台账，实行销号管理；第三个是建立了责任清单，结合实际制定了各级党组织书记抓基层党建责任清单、全县基层党建工作重点任务清单、抓党建促脱贫攻坚三年行动计划及责任清单，全面加强了党建主体责任的落实；第四个是建立了机制清单，健全完善县委常委包抓乡镇，县级领导联系包抓乡镇、机关事业单位、学校、企业、基层党建示范点、软弱涣散基层党组织等"六联制度"，为组织部机关干部确定了基层党建工作联系点。

2. 聚焦脱贫勇担当，推动基层党建实效化

扶贫工作贵在"看真贫、扶真贫、真扶贫，少搞一些盆景，多搞一些惠及广大贫困人口的实事"。在扶贫的过程中，要正确认识、归纳扶贫工作的特点，瞄准需要帮扶的目标，制定实施符合实际的政策措施，切实有效地让贫困群体"解渴"，重在精细准确。

成县在脱贫攻坚中深入实施农村基层党建"五推进"工程，使抓党建促脱贫攻坚的措施更加有力、更为务实。在推进党委管村上，实行了组织部预审乡镇党建工作计划、乡镇党委逐村研究党建工作制度，约谈党建考核排名靠后的乡镇党委书记；在推进干部帮村上，提拔贫困村第一书记，调整第一书记、驻村帮扶工作队员的工作，问责延迟到岗者；在推进能人治村上，坚持"一支一策"集中整顿软弱涣散村党组织，把更多的发展党员指标放在农村一线，对每个村的两委干部进行了集中轮训；在推进产业富村上，大力推行"党组织+"四种脱贫带富机制和"三链"做法，用好省、市、县下拨的

"空壳村"集体经济扶持资金，为贫困村注入集体经济扶持资金，扶持发展壮大村级集体经济；在推进人才兴村上，择优选派机关干部到贫困乡村挂职，为非贫困村选派了驻村帮扶工作组，为乡镇选派了科技副乡（镇）长，发挥大学生村官优势，带动开办网店、创建电商企业，培养农村实用型技能型人才。通过推进党委管村、干部帮村、能人治村、产业富村、人才兴村等一系列工作，深入基层一线，最大化地争取了扶贫力量，增强了对贫困村的支持。

3. 聚焦运行抓规范，推动基层党建标准化

成县紧紧围绕提升基层党支部组织力，提前进行谋划，先行先试，稳步推进党支部建设标准化工作。首先是科学谋划掌握好总的方向，制定出台基层党组织建设标准化实施意见和创建方案，分领域推进计划，创新提出"六个一"措施，使党支部标准化建设有章可循、有据可依、方向明确。其次是试点探索总结好经验，以试点乡镇党建办、机关支部和试点村为重点，对基本阵地进行合理布局、规范布置；对软件资料列出清单、逐项完善；采取审改工作计划、列席相关会议等方式，指导基层党支部规范落实党建基本制度，提升引领能力。最后是示范带动抓落实。把标准化试点与党建示范点创建有机结合，以试点乡镇和村为重点，积极打造示范样板，及时推广经验。

4. 聚焦示范树标杆，推动基层党建品牌化

在脱贫攻坚中，需要树典型，立标杆，激发基层党组织参与扶贫工作的积极性和创造性，以更加饱满的热情投入到脱贫攻坚当中。成县在脱贫攻坚中树立抓基层的鲜明导向，抓点带面推动基层组织全面进步。第一是强化分类指导，推行"1+X"模式，按照农村抓提升、机关事业单位抓示范、医疗卫生机构抓服务、教育系统抓规范、县属国有企业党建抓健全、"两新"领域抓覆盖的"六抓"思路，积极探索精细化党建模式；第二是开展"晋等升级"活动，以"巩固老点、

创建新点、整体提升"为目标，开展党建示范点"晋等升级"创建的活动，对党建示范点进行动态管理；第三是争创"双十双百"活动，开展评选表彰先进基层党组织、各类优秀个人，发挥榜样的示范作用，有效激发基层党组织及个人的工作积极性；第四是推行"阳光党建"建设活动，成县结合了作风建设年活动，制定出台"阳光党建"实施方案，推动全县各级党组织依规用权、民主决策、公开办事，不断改进作风。

5. 聚焦形势搭平台，推动基层党建信息化

在当今信息化、网络化的发展大背景下，互联网技术作用明显，信息化建设可以更好地服务于脱贫攻坚的工作。成县运用互联网和大数据建立贫困人口信息数据库，实时了解扶贫工作的进展和老百姓的脱贫情况。贫困人员、政府相关部门可以借助互联网了解脱贫信息，探索新的脱贫方式；通过精准识别贫困人口、家庭、乡村，采取有效的扶贫措施，提升工作成效。

成县在脱贫攻坚战役中大力推行"互联网+党建""智慧党建"等做法，推进了基层党建传统优势与信息技术深度融合。成县在脱贫攻坚中积极整合利用教学资源，灵活运用了党建网、微信公众号、手机 APP、电视频道、电视栏目、广播节目等各类党员教育载体，确保切实发挥作用。推进智慧平台"五上五进"。积极推进远程教育资源上网络、上电视、上广播、上手机、上户外电子屏，实现党员教育进社区、进机关、进学校、进企业、进家庭，探索开发更多服务功能。成县还整合建立了"成县党建网+远程教育终端+一支一群+一委一号+党建云平台+手机短信"六位一体的"网上党校"平台，开办微信公众号，支部微信群，把党员连在线上，利用"陇南成县组工"微信公众号，创新开展"微党课"等活动。

6. 聚焦基础强保障，推动基层党建项目化

成县在脱贫攻坚中拓展创新实施了基层党建"六项工程"，有效夯实了基层党建基础。成县的脱贫攻坚工作需要一线干部深入农村调研和指导，对村干部的工作进行督查考核，有力地强化人员保障。成县推进村干部"职业化"，推行了"3+5"群众工作法，落实村干部坐班、村级组织权力规范运行和村干部绩效考核等制度，规范履职用权、担当尽责作为。其次是强化硬件保障，协调落实便民服务中心建设项目资金，启动党员活动室新建项目。努力强化经费保障，建立健全以财政投入为主的基层党建经费保障和村干部报酬逐年增长机制。

成县根据本地区的实际情况，制定的"六化联动"措施，覆盖面广泛，六个方面互相协调配合、整体发力，使得党建工作更加系统化和规范化，探索了新的工作方式，保障了脱贫攻坚工作的有效落实，助力成县的脱贫摘帽。

二、多措并举做实基层党建工作

农村脱贫是全面建成小康社会的必然要求，是党执政为民的价值追求，脱贫攻坚为基层党建的完善搭建了一个新的平台，是贫困地区基层党组织以及广大基层党员干部快速成长走向成熟的实践场域。在脱贫攻坚的契机下，成县的党建体系不断完善，通过规范化运作和严格的督查考核，为基层的脱贫攻坚工作打造了坚强的战斗堡垒；脱贫攻坚着力强化基层的物质保障，加强人员的保障、党建经费的保障和阵地保障，为基层党建工作的开展营造了良好的环境；基层党组织在脱贫攻坚中发掘自身潜力，积极接受教育，提升自身素质，敢作为能作为，保障了工作的贯彻落实；通过脱贫攻坚，干部深入一线，围绕

在群众的身边，发现群众的实际问题，加强了党同群众的血肉联系；以脱贫促党建提升了基层党组织的服务水平，加快了服务型党组织建设。成县创新了党建的发展路子，取得了显著成效，值得我们去探析和学习。

（一）在脱贫攻坚中落实党建责任打造坚强堡垒

扶贫开发要坚持发挥政治优势和制度优势。不断完善基层党建体系，健全各项机制、强化问责考核制度，促进党建扶贫工作稳步推进。

1. 健全机制，保障党建扶贫稳步推进

稳步推进脱贫攻坚的工作，要保证工作机制的建立健全。组织传达不到位、责任得不到落实、基层党组织缺乏积极性是实现精准脱贫过程中的障碍，因此，要健全各种机制，使每一个县、每一个乡镇、每一个村都承担起联系的任务，紧紧围绕党中央的指示，保证党中央政策的贯彻落实。

在脱贫攻坚中，为保证从严治党、充分发挥党组织的领导力量，成县完善了一系列制度来提升基层党建制度化、规范化、科学化水平，包括建立健全责任落实机制、自查评估机制、问题整改机制和正向激励机制，保证了正确的工作方向和职责任务的落实，促进了基层党建体系的完善和制度体制健全，为脱贫攻坚提供坚实的保障。

在脱贫攻坚中，成县着力构建横向到边、纵向到底的脱贫攻坚责任体系，促进工作重心向精准扶贫一线转移。一是建立责任落实机制。建立健全"五级责任捆绑"制，制定成县脱贫攻坚责任清单、负面清单和问责办法，落实各级责任，重视过程跟踪和协调调度的工作，将落实脱贫攻坚责任作为各级干部考核的重要指标，更好地保证了脱贫责任落实到位。二是建立自查评估机制。每年都对脱贫成效进

行自查评估和第三方评估，加强了精准扶贫的巡查工作，并按相关规定和程序，对工作不力、作风不实的人和事严肃进行追责问责。三是建立问题整改机制。对脱贫攻坚中发现的各类问题进行梳理汇总、逐条分析，建立台账，销号管理，全面抓好整改落实；经常开展"回头看"，保证问题整改有质量、改彻底。四是建立正向激励机制。用脱贫实绩衡量各级班子运行、检验干部能力，把扶贫成效作为干部选拔任用的主要指标，树立"聚焦精准扶贫和基层一线"的选人用人导向，激励各级干部积极投身脱贫攻坚。

2. 落实责任，筑牢党建扶贫根基

加强党对精准扶贫工作的组织领导、加快健全党建开发的责任体系，是实现精准扶贫、精准脱贫工作的重要方面。成县深入贯彻全面从严治党，进一步落实基层党建工作主体责任，立足县情实际，制定出台了基层党建工作责任清单，对全年任务进行细化量化，明确责任，为基层党建工作抓实见效奠定了良好基础。

在抓责任落实的措施方面，首先是明确"抓什么"。成县制定的责任清单着重从乡镇和县直部门两个层面，分类细化基层党建工作具体任务，明确了各级部门的任务，同时对每项任务的推进措施、落实标准都提出了要求，细化量化了党建任务。其次是强调"怎么抓"。责任清单围绕落实管党治党责任，开展基层党建工作专项检查、召开基层党建工作专题党委会议、开展专项督查等一系列任务，开展基层党建工作述职评议，形成了严密的责任体系，理清了抓基层党建的工作思路。再次是强化主责聚合力，指明"谁来抓"。责任清单明确基层党组织要听取基层党建工作专题汇报，落实"双重"组织生活制度，参加所在支部或党小组的组织生活，开展民主评议党员工作，带头与党员干部开展谈心谈话，形成班子成员齐抓共管基层党建的强大合力。最后是严防"抓不实"。为确保责任清单落实到位，成县把责任清单所列工作任务，作为县委常委包抓乡镇，县委、县政府党员领

导干部联系指导县直机关事业单位党建工作的主要内容和依据，强化了督查指导，助推实效；同时将责任清单任务完成情况纳入年度履职考核和基层党建工作目标管理范围，结合年终考核，逐项对照验收评比，对任务落实不到位、考核排名靠后的，将按照有关规定，严肃进行追责问责。

成县在问责督查考核方面还出台了《成县基层党建工作问责办法（试行）》（以下简称《办法》），营造了真管真严、敢管敢严、长管长严的抓党建工作格局。第一个是着眼"向谁问"，明确问责对象。第二个是着力"问什么"，细化问责内容。《办法》将基层党建工作细化为落实党建主体责任、领导班子自身建设、基层组织建设和党员队伍建设等四个方面。根据每个方面所涉及的具体工作内容，逐级分解定责，细化问责情形，量化问责事项，确保实事求是、权责统一。第三个是着手"怎么问"，创新问责形式。《办法》根据问责对象和问责情形不同，确定了提醒教育、书面检查、通报批评、公开检讨、诫勉谈话和组织处理六种问责方式，依照具体情形使用。按照调查核实、启动问责、限期整改、问责处理、移交线索五个程序进行问责。第四个是着重"怎么用"，以问责促履职尽责。《办法》规定由县委组织部负责建立问责记录档案，问责结果将作为干部选拔任用、评先选优的重要依据。

成县出台的问责清单和责任办法进一步明晰了党建工作主体责任，健全了相关工作机制制度，严格落实了管党治党责任，确保了全面从严治党责任的真正到位。把党支部建设标准化工作各项规范落实落细、抓在经常，全面提升了基层党支部组织力，有力推动基层党建工作高质量发展。

3. 树立标准，保障脱贫工作质量

在脱贫攻坚战役中，成县加大投入，增强了基层党建的科学化水平，出台一系列的措施促进了基层党建的标准化和规范化建设，提升

脱贫质量。成县重视基层党建工作，坚持大抓基层，持续固本强基，紧贴实际提出并抓实"六个一"和"四抓"措施。实施"四抓"措施中的抓规范和抓创建，提升基层党建工作的科学化、规范化和标准化，使党建工作条理清晰，稳步推进。

成县在脱贫攻坚中，第一个是突出抓规范，树立标准意识，明确发展方向。把学习培训、细化任务与落实标准作为推进标准化党支部创建的基础，做到"三个结合"：首先是把试点探索与谋划部署相结合。在先行试点的基础上，制定出台成县党支部建设标准化工作实施意见、创建方案和分领域推进计划，对标准化建设做出全面安排部署。其次是把强化培训与明确重点相结合。坚持对各级党组织负责人、党务干部分层分类培训，并将标准化工作规范逐项分解细化，有效解决了党支部标准化建设是什么、抓什么和怎么抓的问题。最后是把跟踪指导与平时督查相结合。坚持一级抓一级，做到每季度全县督查、每月党委检查、每周支部自查，召开专题会议，有力推动了党支部建设标准化各项工作规范落到实处。

第二个是突出抓创建，做好整体谋划促达标。成县结合实际提出了"六个一"措施：一是规范一本记录，提升支部活动质量。二是印制一本汇编，保证政策传达到位。三是制定一本指南，指导基层支部运行。四是建立一套台账，促进重点任务落实。五是配发一套工具，规范党建资料管理。六是健全一套机制，推动支部职能发挥。全面推行"清单式"管理，落实工作责任，整合力量推动基层支部切实发挥职能、引领发展。

成县在脱贫攻坚中抓规范和抓创建的工作把党支部建设标准化工作各项规范落实落细、抓在经常，全面提升了基层党支部组织力，有力推动基层党建工作高质量发展，提升党建工作标准化水平，促进基层党建的完善发展。

（二）在脱贫攻坚中强化党建保障确保工作开展

脱贫攻坚战役的顺利完成，离不开基层党组织人员对国家扶贫政策的贯彻落实。所以，一方面要加强基层一线工作人员的选拔和任用，发掘优秀人才任职，加快人才素质的提升，保障基层扶贫工作的开展实效；另一方面也要为基层工作人员配备健全的办公设施、营造良好的办公环境、满足他们基本物质需求，解决后顾之忧。在成县制定实施的文件中，也明确要把人员、经费、阵地三大保障作为基本保障，彻底解决好基层党组织有人办事、有钱办事、有室议事的问题。

1. 强化人员保障

实现脱贫攻坚的目标，离不开党中央的政策支持和指挥引导，也离不开基层党组织人员对于政策的贯彻落实。基层党组织人员深入基层一线，了解广大群众的第一手资料和最基本情况，他们的素质和能力对于政策的推行和落实意义重大。所以在提升一线干部业务能力的同时，也要注重基层干部的生活问题，为他们提供物质保障，解决他们的后顾之忧，让他们更好地投入脱贫攻坚的工作中。

在脱贫攻坚中，成县按照"精干、高效"的原则，成立了党建专职组织干事，按照"缺什么、补什么"的原则，加强业务培训，努力做到党建具体业务有人执行、能够执行好。一方面，加强了干部管理，借鉴运用了脱贫攻坚五级书记抓扶贫的经验做法，实行了中央统筹、省负总责、市县抓落实的工作机制，落实了党委和政府一把手"第一责任人"责任，形成了强大的合力推进乡村振兴战略的贯彻落实。另一方面，持续强化创新培训机制，把加快培育一支有文化、懂技术、善经营、会管理的新型职业农民队伍提上日程。完善返乡农民工创业支持政策，鼓励引导积累了一定资金技术管理经验的返乡农民工、中高等院校毕业生、农村知识青年、退役军人、有意愿、有能力下乡的城镇科技人员到农村干事创业，为乡村振兴战略实施提供人才支撑。

2. 强化党建经费保障

国家拨发的党建经费对于贫困地区的建设、贫困人民的生活是非常重要的，所以必须要合理利用好党建经费，综合考量把他们用到最需要的地方，建立完善的机制保证经费的落实。成县以建立投入有序、激励有效的基本保障为重点，积极建立稳定的基层党建经费保障机制。成县按每村每年一万元的标准，将基层党建专项经费和党员教育培训经费纳入财政预算；建立村办公经费、村干部报酬增长机制。机关事业单位、中小学校、医疗机构、县属国有企业、"两新"组织加大了对党建工作的投入，保证了党组织的正常运转和党的工作的正常开展。

3. 强化阵地保障

要加强农村党支部活动场所建设，促使党组织活动有场所、运行规范化，成为党组织服务人民的主阵地，要真正把贫困村阵地建设成集组织活动、议事决策、信息交流、教育培训、文化娱乐、便民服务等为一体的综合服务中心，保障基层党组织脱贫攻坚工作的顺利开展。

成县针对行业特点和单位实际，加强基层党组织活动阵地建设。按照"一室多用""整合功能"的原则，解决党建活动阵地问题，并配齐办公设备、建立档案专柜，确保党组织开展工作有场所、活动有平台。成县在脱贫攻坚中努力解决部分村级组织办公条件落后、不符合脱贫验收标准的突出问题，对村级组织现有活动阵地逐一核查摸底，突出室外全景、配套设施、室内布置"三个重点"，逐村拍摄图片资料，建立村级活动阵地图片档案，做到对村级阵地房屋结构、占地面积、产权属性、配套设施等情况全面精准掌握；在此基础上，积极协调落实各类项目资金，对村级办公用房存在"危旧狭小"和因灾受损问题、确需重建的村级阵地进行新建，启动党员活动室维修改造及提升项目。同时建立健全基层党建经费保障机制，落实省级补助标准，提升村组干部年报酬标准，不断加大乡镇和村级组织党建经费和村级办公经费的投入力度。

成县通过加强对基层党建人员、经费和阵地进行建设，完善了基层党建工作，为脱贫攻坚提供了有力的物质保障。

（三）在脱贫攻坚中磨砺顽强意志提升思想觉悟

思想是行动的先导，理论是实践的指南，思想理论建设是党建之基、党建之魂。坚持思想理论上的与时俱进，是推动脱贫攻坚取得胜利，推动党的各项事业健康发展的保证。在脱贫攻坚战役中，基层党组织需要不断完善自身素质，积极投入到扶贫一线，深入到群众身边，牢固树立服务人民的观念，增强本领，加强作风建设，提升思想觉悟。

1. 开展思政教育，增强思想觉悟

理想信念教育，是党的思想建设中的重要组成部分。成县在脱贫攻坚中高度重视基层党员的教育和学习，通过思想教育促进扶贫工作开展。

成县在县委党校分类举办培训班，对县、乡、村各级干部进行集中轮训，培训干部；大力推行"智慧党建"，有效利用网络资源，开通微信公众号，建立支部微信群，统一党员完成"党员教育智慧云平台"在线学习任务，拍摄乡镇的基层党建专题片，发动党员参与网络答题活动，有效增强了各级干部的政治意识。

成县在全县党组织中开展了党的群众路线教育实践活动。坚持领导带头、上下联动、真督实导、压茬推进，落实活动的每一个环节。

通过集中学习习近平总书记系列重要讲话精神，统一了各级党员干部的思想，增强了祛除"四风"之害的决心。通过开门搞活动，广泛征求群众意见建议，及时发现并解决了一些突出问题。发扬整风精神，逐级召开了高质量的专题民主生活会和组织生活会。坚持即知即改与集中整改相结合、班子和个人问题一起改。成县县委出台了十七项制度，形成了作风建设的长效机制，固化了活动成果。成县还在发展中探索出了"互动课堂""网上群众路线"等做法，方便快捷地提升党干部的政治意识和大局意识。

2. 培养担当作为，推进作风转变

脱贫攻坚战役是艰巨的、困难的、有挑战的，需要具有勇敢无畏的气魄和付出巨大努力的决心，在战役的过程中，不断磨砺意志，推进作风转变，实现自身的进步和强大。

成县在脱贫攻坚战役中大力开展"阳光党建"创建活动，以深入开展"转变作风改善发展环境建设年"活动为抓手，紧紧围绕创新政务服务模式，细化便民服务举措，调整取消一部分的行政审批目录，清理规范行政审批事项，公布县政府"最多跑一次"事项，对各乡镇及部门单位作风举报电话全部予以公开公示；持续开展纪律作风大整顿、"三纠三促"专项行动，开展作风问题专项督查，办结省、市督办作风问题，现场交办发现问题，整顿干部不作为、慢作为问题，查处问责扶贫领域违纪违规行为；紧抓东西部扶贫协作机遇，积极引入"阳光城阳"建设经验，扎实推进"阳光成县"创建，大力弘扬文明新风，推进移风易俗，真正让"阳光理念"深入人心，有力推动全县各级党政组织依规用权、民主决策、公开办事，全面改善和优化了发展环境。

脱贫攻坚主战场就是锤炼干部的"大熔炉"、检验干部的"大考场"，脱贫攻坚使各级各部门拧成了一股绳，倾情投入到脱贫攻坚的战斗当中去；脱贫攻坚培养了干部担当作为、奋勇冲锋、精益求精的精神；全县各级干部作风在脱贫攻坚战役中得到了检验和提升。

（四）在脱贫攻坚中密切党群关系提升服务水平

为人民服务是我们党的根本宗旨，切实发挥农村基层党组织的堡垒作用，要强化基层党员服务群众的宗旨意识。在脱贫攻坚中，基层党员只有深入群众一线，关心群众的疼痒，扎实开展工作，解决群众的实际问题，维护人民利益，才能得到群众的爱戴，把群众团结在党组织周围。

1. 助推服务型党组织建设

脱贫无小事，脱贫攻坚的任务是复杂而艰巨的，在这个过程中会涌现出很多的新问题、新挑战，所以更加要求基层党组织可以提升工作水平，更好地服务于人民。

成县在脱贫攻坚中提出的六项工程就提升了服务型基层党组织建设水平。成县把不断深化、拓展和创新"六项工程"作为破解党建难题的最有效载体，从实施先锋引领工程、产业富民工程、基层干部能力提升工程、基层干部法治廉政教育工程、基层干部"安心"工程、村级组织活动阵地建设提升工程六个层面着手发力，进一步强化措施、抓落实，全面推动基层党建工作创实效，有效提升服务型基层党组织建设水平，为深入推进精准扶贫精准脱贫工作提供了坚强的组织保障。

成县实施的六项工程之一是围绕增强发展动力，深入实施先锋引领工程，不断激发基层组织工作活力。成县会定期召开先锋引领行动表彰大会、全县双联行动暨精准脱贫表彰大会、举办诗文朗诵比赛、开展走访慰问老党员及生活困难党员等活动，在全县形成了崇尚先进、引领先进的浓厚氛围。第一是通过选树身边典型，引导广大党员学有榜样、干有方向、赶有目标，进一步激励动员广大共产党员的工作热情，激发了基层党组织的工作活力。第二是围绕凝聚发展合力，深入实施产业富民工程，鼓励吸引先进青年、致富能人留村发展。建设产业富民示范村，坚持因地制宜、因村施策，进行重点打造，通过发展壮大富民产业留能人、引强人，发挥能人带动效应，使村内大部分群众就近务工、创业发展。第三是围绕建强服务队伍，深入实施基层干部能力提升工程，有效提升基层干部综合素质。成县在脱贫攻坚中坚持注重基层、注重能力、注重民意，在圆满完成乡镇换届、优化班子结构，提升乡镇党政班子履职本领和服务水平的同时，充分运用新媒体创办"网上党校"的方式，全方位、多角度加强基层干部培训，不断提高基层党员的综合素质和引领发展能力。第四是围绕规范服务行为，深入实施基层干部法治廉政教育工程，努力营造风清气正的干事氛围。成县开展"法律进万家、廉政入千户"活动，深入推进双联行动"法律服务直通车"进村入户，加强警示教育基地和村级法治、廉政主题文化广场建设，引导广大群众遵纪守法，促进基层干部依法行政、廉洁履职、干净做事。第五是围绕干部所需所盼，深入实施基层干部"安心"工程，充分调动乡村干部工作积极性。成县在足额拨付乡镇食堂补助的同时，按照标准基层党建工作经费，落实村组干部报酬，缴纳养老保险；探索完善乡镇干部调配办法，把干部调动同工作实绩挂钩，全面推行"村干部绩效月考评报酬月发放"制度和"村级组织权力规范运行"工作，基层一线干部工作条件差、生活无保障和干事不积极的问题得到有效解决，有效激发了乡村干部扎根基层、服务基层的工作热情。第六是围绕夯实基层基础，深入实施村级组织活动阵地建设提升工程，全面改善村级组织服务环境。成县把村级阵地建设提升作为基层党建示范点建设的一项基本任务，健全完善村级阵地管理使用制度，切实做到建管并重、管用结合，让村级阵地作用发挥更加明显。

2. 驻村帮扶密切干群关系

脱贫攻坚的工作要把人民群众的利益放在首位，实现好最广大人民群众的根本利益。在脱贫攻坚中只有深入最底层，走到人民的生活中才能准确认识到人民的实际需求，农民的需求不是基层党组织人员自己想到的，而是要用耳朵听人民的说法，用眼睛去看人民的生活状况，从实际出发，用心去感受，在实践中把握工作方向，与人民打成一片，在群众中发挥引领作用，改变贫困人民的消极想法，帮助他们树立起脱贫的信心。

成县的第一书记和驻村帮扶干部深入贫困村、贫困户调研，然后根据实际情况开展工作。调整优化了全县脱贫攻坚帮扶工作力量，强化单位帮扶工作，帮扶单位主要负责同志每月要研究一次到村帮扶工作，听取驻村帮扶工作情况汇报，围绕抓重点、补短板、强弱项，发挥帮扶单位优势，力所能及地为贫困村、贫困户办实事好事，确保脱贫任务如期完成；完善结对管理，督促指导帮扶责任人完善落实"一户一策"精准脱贫计划。成县在脱贫攻坚中落实各项管理制度，加强了村党组织第一书记考核管理，强化了对驻村帮扶工作队日常管理和工作督查指导。

成县通过脱贫攻坚有力促进了干部作风转变，使得党干群关系更为融洽，为加强基层建设凝聚了力量、起到了很好的促进作用。一是干群距离更近。干部与基层群众同吃同住同劳动，使群众诉求能及时反映、困难问题能及时解决、矛盾纠纷能及时化解，既为加强基层社会治理增添了动力，又进一步提升了干部形象。二是干群感情更深。扎实开展帮扶单位与帮扶村党组织"结对共建"活动，定期与农村党员共过组织生活，与贫困群众共商发展大计、共谋致富良策，既锻炼了干部能力、又增强了帮扶实效。三是干群关系更亲。充分发挥各级帮扶干部优势，通过帮助指导村级组织严格落实党建制度、民主议事决策、规范坐班服务行为等有效措施，全面提升了村级组织服务水平，使农村群众对干部信任度明显增强。

三、多点发力提升脱贫攻坚成效

农村基层党组织是农村各项工作得以组织开展的领导核心，农村贫困地区基层党组织建设是贫困农村脱贫致富的关键。农村脱贫不能没有基层党组织的领导，国家的扶贫政策只有通过基层党组织才能得到最终的贯彻落实。所以，在脱贫的过程中，要在基层党组织的带领下，发挥人民的积极性和主动性，携手共同朝着脱贫摘帽、发展致富的目标前进。

在脱贫攻坚中，成县重视基层党组织的引领带动作用，以党建促脱贫，保障各项工作稳步推进。基层党建带动村级集体经济发展，不断探索脱贫的新形式，与时俱进，带领贫困地区经济发展；基层党组织不断加强自身学习，接受教育，加强党组织内部的督查，保证党组织人员尽职尽责，为脱贫攻坚提供了坚实的组织保障；建设先锋队伍，发挥榜样的模范力量，更好地推进各项工作落实；基层党组织积极动员各方力量，营造了社会扶贫的大格局。

（一）促进经济发展助力脱贫攻坚

经济发展对于贫困地区摆脱贫困至关重要，贫困地区有自己的地域特色和发展特色，从实际情况出发，谋划合理的发展路径，创新扶贫发展新路子，可以为实现贫困地区脱贫提供正确的方向。在成县脱贫攻坚中，基层党组织带动发展村级集体经济，努力实现带动全村人民脱贫致富的目标；实施东西部扶贫战略，学习其他地区的经验和做法，优势互补，互推共进。

1. 创新发展模式，探索致富新路子

成县在打赢脱贫攻坚战过程中，大力推行"党支部+"模式，不断发展壮大村级集体经济，探索出了一条发展集体经济脱贫致富的新路子，采用一系列的措施保证村级集体经济的全覆盖，为如期实现整县脱贫提供了有力保障。

成县围绕补齐农业产业结构不优、群众增收渠道单一的脱贫短板，在按规定管好用好党费扶持资金，稳步推进重点村做大做优集体经济的基础上，做好资金的整合工作，为贫困村每村注入扶持资金，为集体积累较少的非贫困村，拨付相应的扶持资金；成县在脱贫攻坚中还坚持"投资风险降到最低、村级集体收益追求最大"的原则，按照党员群众集体酝酿讨论、乡镇党委审核把关的程序，因地制宜、逐村制定集体经济发展方案，大力推行"党组织+"四种脱贫带富机制，不断发展壮大村级集体经济。

在村级集体经济发展的具体工作方面，第一是建强发展集体经济的"指挥部"。成县以实施基层党建"六项工程"为抓手，着力夯实基层基础，有效提升了基层党组织引领发展的能力。第二是大力推行"支部控股+群众参股+贫困户持股""党支部+合作社（协会）+贫困户""党支部+企业+贫困户"等"党组织+"脱贫带富机制，积极扶持农业企业、能人大户领办创办合作经济组织，带动村级组织发展集体经济，拓宽助农增收渠道。积极宣传典型做法及案例，发挥了较好的示范带动作用。第三是健全机制激活力，增强做优集体经济的"战斗力"。集体经济优不优，关键要靠机制来引导。成县从健全制度机制入手，探索出了一条切实能够把集体经济引向正轨的发展路子。

成县在脱贫摘帽促进经济发展中注重兼顾各方利益，探索完善"党组织+"运行模式，明确集体经济实行村党组织牵头领办、经济实体自主运行、年终核算分红的运作方式，清晰界定了企业、村集体

和群众三者之间的利益关系，有效保证了村级集体经济实体的规范运行。

2. 深化东西部扶贫协作，拓展脱贫成效

东西部扶贫协作是党中央、国务院根据中国特色社会主义的理论和实践，为了消除贫困和区域协调发展而作出的一项制度性安排。东西部扶贫协作是以中央政府通过动员和组织东部地区对西部欠发达地区提供资金、人才和技术等多方面的援助为基础，以加强双方的经济协作为手段，扶持和帮助西部的贫困地区和人口摆脱贫困，从而实现自我发展和良性发展的区域扶贫政策。东西部扶贫协作为成县经济发展注入了新的活力，助推脱贫攻坚的发展进程。

在脱贫攻坚中，成县积极运用了东西部扶贫协作，通过引入资金、干部交流、产业合作、劳务协作等模式，努力实现携手奔小康的目标。在东西部扶贫协作中，青岛市城阳区和成县分别召开高层对接座谈会，签订带贫协议，确定协作重点，城阳区提供财政资金，有效解决帮扶成县资金短缺的问题，专门用于投资发展社会事业、建设改善基础环境、扶持壮大富民产业等民生实事办理。成县制定出台了东西部扶贫协作领域资金项目监督工作实施方案，抽调纪委、督考、农办、扶贫办、财政局等有关部门专业人员，组成督查组，深入各乡镇及县直部门，重点对项目申报实施、资金下达拨付、项目管理服务及保障等情况全面督查，有效保证资金项目平稳运行。通过加强协作交流，成县成功引进青岛的多家企业在成县投资发展，为推动全县经济社会发展注入了新的活力。

（二）提供组织保障为脱贫攻坚保驾护航

精准扶贫是不是能够扶在"点"上、扶到"实"处，关键在于是否充分发挥基层党组织的推动作用。基层党组织作为党的执政根

基，是党与群众密切联系的桥梁和纽带，也是党在农村发挥战斗力的重要基础。成县在脱贫攻坚中通过扫黑除恶的战斗来优化基层党组织队伍，剔除不作为乱作为的人员；建立脱贫攻坚的"五支队伍"，强化了领导力量，积极发挥政治引领的功能；派驻村帮扶工作队深入扶贫一线，密切联系群众，及时反馈问题，搭建了党建扶贫新平台，提升了基层党组织的服务能力。

1. 实施扫黑除恶专项斗争

成县通过扫黑除恶专项斗争一方面凝聚了党组织的力量，培养骨干带动提升基层党组织的思想觉悟，发挥积极主动性，为脱贫攻坚提供坚实的组织基础；另一方面通过扫黑除恶的斗争来整治涣散的党组织，对其进行政治教育，净化基层党组织队伍。成县在扫黑除恶的斗争中，把握"有黑扫黑、有恶除恶、有乱治乱"的总要求，充分发挥组织部门职能优势，强化党建引领聚合力，广泛发动全县各级党组织和党员干部积极参与、主动作为，为打响打赢扫黑除恶这场人民战争提供了坚强的组织保证。

成县在扫黑除恶中突出政治教育提站位，统一思想集聚专项斗争强大合力。成县在基层党支部开展"扫黑除恶"主题党日活动，依托县委党校开办专题党课、集中轮训全县科级干部；成立县、乡、村三级扫黑除恶专项斗争领导小组，召开新闻发布会，开展各类集中宣传，采取悬挂横幅、张贴标语、LED 显示屏播放、开设网络专栏、印发资料等方式，张贴通告、宣传标语，印发公开信、宣传彩页，制作展板，悬挂横幅，通过广泛宣传发动，有效提升了群众知晓度和参与率。

成县在扫黑除恶中重点进行整治，倒排整顿软弱涣散基层党组织，按照"一支一策"进行集中整顿；对整顿提升后的原软弱涣散村，逐个进行分析，防止问题反弹，保证转化质量。开展村级两委班子成员任职资格联审"回头看"，对全县的两委成员逐人过筛，进行

"政治体检"。成县在扫黑除恶中突出惩防并举，建立健全有关部门信息共享机制，调查核实相关单位移送涉及党员干部的问题线索；推进作风问题专项治理，整顿干部不作为、慢作为问题，查处各类违纪违规行为；结合推进"两学一做"学习教育常态化制度化，教育引导基层党员群众讲政治、守规矩、知廉耻，自觉敬畏法纪、止恶扬善、崇尚文明，构建形成了黑恶势力人人喊打的良好氛围。

成县通过扫黑除恶的一系列行动，加强了对领导干部的督查考核，加强了对基层党组织的政治教育，提升了思想觉悟，培养了骨干力量，为脱贫攻坚工作营造了良好的组织环境，建立了坚实的组织堡垒。

2. 组建拆危治乱"五支队伍"

拆危治乱是成县脱贫攻坚战役中的重要一环，在拆危治乱的工作中，为了保证责任明确、组织有序、推进顺利，成县建立了"五支队伍"作为保障，有力地加快了拆危治乱工作进度，也为成县脱贫攻坚提供组织基础。组建拆危治乱的"五支队伍"，在工作的过程中，及时有效地与群众沟通，转变群众的思想观念，集中力量办大事，更好地解决拆危治乱的后续问题，保证工作开展的效率。

成县的拆危治乱"五支队伍"中，一是成立指挥有力的领导队伍。由县委、县政府分管领导为组长，相关部门和乡镇为成员的工作领导机构，通过明确责任、目标、任务和时间节点来进行拆危治乱工作。二是成立善于做群众工作的宣传队。成县在脱贫攻坚中为了革除群众生活陋习、倡导移风易俗、消除群众思想顾虑，成立了以县融媒体中心为主力，相关责任部门和乡镇为先锋的拆危治乱工作宣传队，通过电视台进村采访、融媒体开辟专栏报道、宣传队入户宣讲、村社干部积极动员等方式，转变群众的思想观念，为全面推进拆危工作营造了浓厚舆论氛围。三是成立一支为民服务的党员突击队。充分发挥基层党组织战斗堡垒和党员先锋模范作用，成立为民服务党员突击队，帮助群众转移物资、拆除危房和残垣断壁，有效推进和提升了拆危治乱工作进度和效率。四是技术过硬的提升改造队。成县在脱贫攻坚中坚持"一户一宅"原则，结合农户实际，在确保拆危不影响群众正常生活的基础上，针对影响视觉贫困的旧房，组织有施工经验的中青年成立技术过硬的提升改造队，逐户对视觉贫困的旧房进行改造提升，消除"视觉贫困"。五是成立一支后续帮建的协调处置队。主要针对危房拆除后，农户杂物无处安置、建筑垃圾无法处理、拆危土地无力复垦等实际问题，以村两委班子成员、第一书记和驻村帮扶工作队（组）为主体，组织发动村级群团组织、后备干部、公益性岗位等人员成立后续帮建的协调处置队，在拆除危房过程中专门负责后续妥善安置农户杂物、清运建筑垃圾、复垦土地和植绿亮化等工作。

通过拆危治乱"五支队伍"的建立健全，成县解决了人民群众的住房安全问题，处理了脱贫攻坚中的实际问题，完善了脱贫攻坚的组织队伍，促进脱贫摘帽工作的稳步推进。

3. 建设驻村帮扶力量

在脱贫攻坚中，要切实把党组织的服务作用覆盖到每个贫困户中，把具体的工作派遣到基层党组织和党员中，真正落实解决农村、农民中存在的亟待解决的重点难点问题，从而提升基层党组织服务农村精准扶贫的能力。

为了及时了解扶贫一线的基本情况，加深同贫困村、贫困户的联系，成县在脱贫攻坚中非常重视第一书记和驻村帮扶工作队的工作情况，为保证扶贫一线的工作的落实，成县还出台了基层党组织人员的管理办法。一是派强帮扶力量。第一书记任职村同选派单位帮扶点要保持一致，及时跟进调整，并全面实行第一书记与驻村工作队长"一肩挑"，整合帮扶力量。二是严格日常管理。把帮扶干部纳入乡镇干部管理范围，将帮扶干部党组织关系转移到村，严格实行"月公示月报告"考勤制度；采取明察暗访、夜访抽查、电话询问、走访群众等方式，加大督查力度。三是重视关怀激励。积极拨付和落实了第一书记及驻村帮扶工作队的经费、选派干部津贴补助，为选派干部购买了人身意外伤害保险，组织进行了健康体检；成县还开展了"双十双百"争创活动，评选表彰先进基层党组织和各类优秀个人。

（三）建设先锋队伍引领带动脱贫

脱贫攻坚的过程中，群众的参与积极性是需要启发和引导的，所以基层党组织发挥先锋带动作用就是必不可少的。要加强农村党员队伍建设，就要加快制定党员发展计划，把农村优秀人才列入到党员积极分子的培养队伍中，壮大农村党员队伍。成县积极探索党员带头、干部带动、群众积极参与的精准扶贫模式，形成基层党组织带动农村产业发展，农村产业发展带动群众致富的发展格局，切实加快群众脱贫致富的步伐。成县在脱贫攻坚中加强先锋队伍人员的建设，积极发展先锋队伍带动项目的实施，努力促进先锋队伍的标准化和规范化，宣传引导群众摆脱消极思想，积极参与脱贫致富，让脱贫致富变成群众的内生力量。

1. 加强先锋队伍人员建设

加强村级带头人队伍建设，选拔好书记，配强好班子，建设好队伍，必须做到"选、育、管、用"的结合。

成县在先锋队伍人员建设方面，实施了农村基层党建"五推进"工程，实行组织部预审乡镇党建工作计划、乡镇党委逐村研究党建工作制度，坚持每年对党建工作年度考核排名后两位的乡镇党委书记及相关责任人进行严肃问责，并逐个分析研判乡村两级班子运行情况，选拔扶贫业绩突出、基层经验丰富的干部担任贫困片区乡镇党政正职，把政治素质过硬、业绩突出的干部选拔充实进入贫困片区乡镇领导班子；将更多的发展党员指标放在农村一线，按比例建立村级后备干部库；调配县直部门优秀干部充实县脱贫攻坚领导小组办公室，从财政、发改部门选派优秀科级干部挂职担任县扶贫办党组成员、副主任，按照政策要求解决乡镇扶贫工作站机构编制问题，配齐工作人员，为如期实现整县脱贫注入了强大动力。

2. 建设标准化支部促规范

要发挥基层党组织在精准扶贫中的作用，就要做好党组织建设，整顿软弱涣散的基层党组织，规范党组织的工作与活动。村支部作为基层组织是联系政府和群众之间的重要纽带，担负着把国家政策落实为具体行动的重要职责，村支部的规范化和标准化可以促进基层扶贫的工作有序稳步推进。

成县制定党支部建设标准化实施意见、创建方案、分领域推进计划等系列制度性文件，对照标准规范，建立对标自查、达标整改、问题销号等"三本账"，立足实际提出了运行一本标准化的支部会议记录、印发一本标准化的文件汇编、制定一本标准化的操作指南、建立一本标准化的工作台账、配备一套标准化的办公用具、健全一套标准化的运行机制等党支部建设标准化"六个一"措施，坚持"全覆盖式"调阅村党支部会议记录，对村级阵地进行合理布局、规范布置，为农村支部统一配发档案盒、文件栏、文件夹等办公用具，按照软件台账、文件制度、党员教育管理等"三大类"归档整理支部党建资料，分别召开推进会、培训会、调度会、现场会，开展专项督查、随机检查，全面推进农村党支部标准化创建，有效提升了基层党支部组织力，全面增强了农村党支部服务引领脱贫攻坚的能力。

3. 先锋引领扶贫扶志

成县在脱贫攻坚中，努力发挥基层党组织在人民群众中的号召力和影响力，一方面可以让群众通过基层党组织了解认知有关精准扶贫的政策内容和扶贫措施，让精准扶贫的政策更好地针对具体的人群；另一方面可以发挥思想引领作用，让群众摆脱消极不作为的思想，积极主动地认知和响应精准扶贫战略。加强思想的宣传和引导可以让群众更好地利用政策的支持，积极发展生产，摆脱贫困，提高生活水平。

第四章

合力凝聚：完善脱贫
攻坚组织体系

　　成县在脱贫攻坚中党政发力、东西携手、企业援手、群团助力，构建了实抓严管的组织领导体系、传导压力的责任体系、问责问效的督战体系和激发活力的社会动员机制，有力促进了责任落实、资金落实、工作落实、效果落实，为脱贫摘帽提供了组织保障，实现脱贫质量稳步提高，扶贫成效不断提升。

一、党委政府领衔完善脱贫攻坚组织体系

　　政府主导是中国脱贫攻坚的鲜明特征。实践证明，政府必须发挥主导作用，只有这样才能动员全社会的力量，打赢脱贫攻坚战。2018年，成县先后颁布了《成县2018年整县脱贫实施方案》《打赢脱贫攻坚战三年行动实施方案》《成县脱贫攻坚实施方案（2018—2020年）》等政策文件，坚持政府主导，把扶贫开发纳入全县经济社会发展战略，开展了多类专项扶贫行动，组织动员了各部门、各行业等全社会力量的参与，形成了跨部门、跨单位，全社会多元主体共同参与的脱贫攻坚体系。成县通过优化脱贫攻坚指挥体系、夯实基层党组织体系和统筹帮扶体系，形成了党委政府领衔的脱贫攻坚组织体系，着力于"战斗力、组织力、支撑力的聚合"，做到了扶贫资金优先保障，扶贫项目优先安排，扶贫工作优先对接，扶贫措施优先落实。

（一）优化脱贫攻坚指挥体系，提高脱贫攻坚战斗力

提高脱贫攻坚战斗力，需要进一步完善脱贫攻坚指挥体系，对扶贫开发工作进行总动员、总部署，强化支撑保障体系。

1. 加强脱贫攻坚组织领导，强化支撑保障

成县脱贫攻坚领导小组是全县脱贫攻坚工作的总指挥部，负责脱贫攻坚工作的总体谋划和组织协调。为了提高脱贫攻坚的战斗力，成县不断调整加强脱贫攻坚领导小组的力量，充分发挥脱贫攻坚领导小组的战斗堡垒作用。成县脱贫攻坚领导小组由县委书记、县长任双组长，1名县委副书记任常务副组长，相关县级领导为副组长，相关单位和17个乡镇负责人为成员。成县脱贫攻坚领导小组办公室设在县扶贫办，由副县长任领导小组办公室主任，扶贫办主任任领导小组办公室常务副主任，全面推进成县脱贫攻坚任务。为了进一步落实脱贫攻坚责任，明确工作职责，2018年1月成县颁布了《成县脱贫攻坚领导小组专责工作组人员组成及工作职责》，成立了县脱贫攻坚领导小组综合协调、资金保障、易地搬迁、安全饮水、安全住房、基础设施、产业开发、转移就业、教育扶贫、健康扶贫、生态扶贫、兜底保障、驻村帮扶、督查督办、组织保障15个专责工作组。专责工作组分别按照各自所承担的工作职责完成工作任务，确保脱贫攻坚战略决策部署和政策措施落地生效。

2. 健全三级指挥体系，强化责任落实

落实脱贫攻坚各级的管理责任，成县建立县、乡、村三级指挥体系，全面提高脱贫攻坚的战斗力。第一，建立了县级指挥体系。县委、县政府为成县脱贫攻坚的第一责任人，负责全县脱贫攻坚工作的组织和协调；党政领导班子负责分管领域和行业部门的脱贫攻坚工

作，县级领导负责联系乡镇和包抓村的脱贫攻坚；各行业部门承担本行业专项扶贫措施落实。在此指挥体系的组织协调下，成县县委、县政府 2018 年共召开县委常委会会议、政府常务会议 40 次，脱贫攻坚领导小组会议 13 次，各类办公会议 31 次，专题研究脱贫攻坚工作，对阶段性工作、重点攻坚任务及时分解细化、强化调度；县政府坚持周例会制度，专题研判攻坚态势，安排部署阶段性攻坚任务；县级联乡领导下沉两级，进村入户抓脱贫，一线解决短板问题，现场督促任务落实。第二，建立了乡镇指挥体系，向一线脱贫攻坚精准发力。县级联乡（镇）领导（帮扶组长单位派出的科级干部）负责统筹协调所在乡镇的脱贫攻坚工作，包括指导脱贫攻坚方案的制定、谋划帮扶项目、争取政策支持、定期开展督查等工作职责，促使基层干部形成合力，提升脱贫攻坚的战斗力；乡镇党委、政府在本乡镇内落实推进各项政策的实施和落实。第三，建立了村级指挥体系，充分调动资源，精准滴灌。村级指挥体系由乡镇领导干部或者驻村帮扶队、第一书记、帮扶责任人和村两委干部组成。村级脱贫攻坚紧盯前沿阵地，做到了政策有人宣传，产业有人抓牢，项目有人推进，基础设施有人改善，党建作用有发挥，督查督办有落实。如此，脱贫攻坚指挥体系得到健全和延伸。

3. 配强前线作战力量，扎实推进工作

脱贫攻坚工作要求有相适应的机构，也需要有相适应的工作队伍。2018 年年初，成县在对全县脱贫攻坚工作进行了全面分析研判的基础上，进一步增强乡村两级的脱贫攻坚力量。在乡村两级，成县坚持精干力量向贫困片区倾斜。首先，根据贫困村贫困发生率的高低状况安排帮扶责任人和帮扶单位。县委各常委带头，各县级领导跟进，全部将联系点与联系户调整到所联系乡镇中最贫困的村和最贫困的户，同时将县委办、政府办、纪检、组织、财政、人社等部门调配到艰苦边远、贫困发生率高的村，集中优势力量，助推脱贫攻坚。其

次，选好配强基层领导班子。在乡镇层面，成县选好贫困乡镇一把手、配强领导班子，使整个班子和干部队伍具有较强的带领群众脱贫致富的能力。在村级层面，成县坚持用最强有力的干部加强最薄弱的岗位，采取内选、下派等方式，对 4 个贫困村党支部书记、5 个贫困村两委班子成员进行了充实调整，配强了贫困村工作力量。此外，还根据贫困村的实际需求精准选配第一书记、精准选派驻村工作队。成县按照"示范带动、重点选派、足额兜底"的原则，对全县 104 个贫困村，特别是 38 个深度贫困村，派驻了 504 名驻村工作队员，将熟悉农村工作、学历高、有专长、有思想、能吃苦的年轻干部充实到脱贫攻坚一线，最大限度地发挥派出人员的优势。

成县把脱贫攻坚作为全县压倒一切的第一要务，以脱贫攻坚统揽经济社会发展的全局，用脱贫攻坚聚集了各类资源，用脱贫攻坚聚合了各方力量，用脱贫攻坚争取了项目资金支持，实现了人、财、物各类资源的聚合，极大提高了成县脱贫攻坚的战斗力，打赢了脱贫摘帽这场攻坚战。比如，成县坚持惠民扶贫政策只增不减，在继续落实教育、医疗、社保兜底等各类保障性扶持政策的同时，坚持"因需而整、应整尽整"的原则，2018 年整合筹措各类资金 5.5 亿元用于强化产业扶贫、集体经济扶持和基础设施的完善提升。

（二）夯实基层党组织体系建设，提升脱贫攻坚组织力

在脱贫攻坚进入决战决胜的关键时期，成县各级党组织在"围绕脱贫攻坚抓党建、抓好党建促脱贫攻坚"思想的指导下，牢记职责使命，主动担当作为，将组织工作与脱贫工作深度融合，发挥部门优势，全面夯实脱贫攻坚的组织基础，不断提升脱贫攻坚组织力。

1. 村级组织阵地建设全覆盖，夯实党建促脱贫基础

成县坚持把村级组织阵地建设提升作为基层党建建设的一项基本

任务。在对全县村级党组织活动阵地核查摸底的基础上，成县针对部分村级党组织办公条件落后、不符合脱贫验收标准的突出问题，积极协调落实各类项目资金，对村级办公用房存在"危旧狭小"和因灾受损、确需重建的 24 个村级阵地进行新建，启动 68 个村的党员活动室维修改造及提升项目。同时，成县建立健全基层党建经费保障机制，为乡镇和村级组织每年各增加 10 万元、1 万元党建经费，村级办公经费达到 3.1 万元。此外，成县确定了村级阵地建设提升重点村 17 个，整合各方资源，与村级文化广场（乡村舞台）、标准化村卫生室和便民服务中心建设统筹谋划、同步推进，提升村级活动阵地的服务能力。并在此基础上，进一步健全完善村级阵地管理使用制度，切实做到建管并重、管用结合，让村级阵地作用发挥更加明显。

2. 推动基层党建责任化，明确党建促脱贫任务

成县通过建立党建任务责任清单，构建"六联制度"，履行党建主体责任，明确基层党建工作任务，凝聚脱贫攻坚合力。一方面建立责任体系。成县出台《关于落实抓党建促脱贫攻坚工作重点任务的通知》《成县县直党（工）委及党组书记抓基层党建工作责任清单》《成县乡镇党委书记抓基层党建工作责任清单》等文件大力推行"清单式"管理，明确乡镇农村（社区）10 类 37 项、县直机关事业单位 6 类 34 项、县属国有企业和"两新"组织 8 类 29 项工作任务，并制定了乡党组织书记抓基层党建责任清单、全县基层党建工作重点任务清单、抓党建促脱贫攻坚三年行动计划及责任清单；另一方面形成了县委常委包抓乡镇，县级领导联系包抓乡镇、机关事业单位、学校、企业、基层党建示范点、软弱涣散基层党组织等"六联制度"，为组织部机关干部确定了基层党建工作联系点。这些举措切实增强基层党组织抓党建促脱贫攻坚的责任感和自觉性，发挥基层党组织和党员的先锋引领作用。

3. 推动基层党建标准化建设，强化党建促脱贫的保障

成县紧紧围绕提升基层党支部组织力，稳步推进党支部建设标准化工作，增强党支部引领脱贫攻坚的能力。一是科学谋划把好总方向，制定出台基层党组织建设标准化实施意见、创建方案、分领域推进计划等系列制度性文件，逐项对照标准规范，建立对标自查、达标整改、问题销号等"三本账"，创新提出"六个一"措施，使党支部标准化建设有章可循、有据可依、方向明确；二是"全覆盖式"调阅村党支部会议记录，按照软件台账、文件制度、党员教育管理等"三大类"归档整理支部党建资料；三是采取审改工作计划、列席相关会议等方式，指导基层党支部规范落实党建基本制度，提升引领能力。分别召开推进会、培训会、调度会、现场会各1次，开展专项督查6次、随机检查12次；四是推进村干部"职业化"，规范推行"3+5"群众工作法，严格落实村干部坐班、村级组织权力规范运行和村干部绩效考核等制度，规范履职用权、担当尽责作为。

4. 坚持先锋引领，锻造脱贫攻坚干部队伍

第一，坚持在脱贫一线选拔干部。成县将打赢脱贫攻坚战作为干部选任的第一风向标。成县秉持"聚焦精准扶贫，聚焦基层一线"的选人用人理念，对在脱贫攻坚工作中表现优秀、业绩突出、群众公认的干部，符合条件的优先提拔重用，把最能打硬仗的干部选派到脱贫攻坚一线最需要的岗位上。2016年以来，共提拔干部182人，其中脱贫攻坚一线干部139人，占提拔干部总人数的76.4%。特别是2018年4月一次性提拔贫困村第一书记10名。第二，坚持在脱贫一线用活干部。成县在定期分析全县集中连片贫困乡镇和贫困村的脱贫难易程度、扶贫任务大小的基础上，把最优质的干部资源向基层倾斜，将能力最强、经验丰富的干部选派到贫困程度最深的乡村任职挂

职。第三，坚持提升干部综合能力。成县围绕建强干部队伍，深入实施基层干部能力提升工程，有效提升基层干部综合素质。在圆满完成乡镇换届、优化班子结构、提升乡镇党政班子履职本领和服务水平的同时，成县按照"干什么训什么、缺什么补什么"的思路，采取"走出去""请进来"，充分运用微博、微信等新媒体创办"网上党校"等方式，全方位、多角度加强基层干部培训，不断提高乡村干部、各级党员干部的综合素质和引领发展能力。成县 2018 年先后选派新任乡镇领导班子成员、村（社区）党组织书记、到村任职第一书记参加省、市举办的示范培训班 7 期 49 人次；并成功举办 4 期全县村（社区）党组织书记集中培训班，结合"两学一做"学习教育，对全县所有党组织书记和党务骨干进行了集中培训。

5. 聚焦补齐短板，实现村级集体积累全覆盖

成县围绕补齐农业产业结构不优、群众增收渠道单一的脱贫短板，使用党费扶持资金，稳步推进 12 个重点村集体经济的做大做优，并先后为 104 个贫困村每村注入扶持资金 10 万元，为 141 个非贫困村村中集体经济积累不足 10 万元的，每村拨付 5 万元以上的扶持资金，使全县 245 个村的集体经济积累全部达到 10 万元以上。同时，成县坚持"投资风险降到最低、村级集体收益追求最大"的原则，严格按照党员群众集体酝酿讨论、乡镇党委审核把关的程序，因地制宜、逐村制定集体经济发展方案，大力推行"党组织+"四种脱贫带富机制，不断发展壮大村级集体经济。

（三）统筹帮扶力量，凝聚脱贫攻坚支撑力

贫困村是脱贫攻坚的重要战场，贫困村脱贫攻坚在很大程度上决定了整个脱贫攻坚的成效。然而，贫困村又是脱贫攻坚最薄弱的一环，仅靠本级的组织和干部来完成脱贫攻坚任务，非常艰难。因此，

需要集结精锐力量，将各类资源下沉到村、聚集到户，聚力脱贫攻坚见成效。成县贫困村汇聚了县直单位和部门及干部、驻村工作队、第一书记、企业及东西部扶贫协作的各类力量，形成了因地制宜、因村因户因人施策的帮扶体系。

1. 单位帮扶，破解发展瓶颈

成县建立了县直单位和部门与贫困村的单位帮扶体系。帮扶单位紧紧围绕"生产发展、乡风文明、村容整洁、产业发展"等任务，全面推进贫困村脱贫攻坚工作，引导贫困村经济和社会发展。帮扶单位主要领导是帮扶工作的第一责任人。帮扶单位在联村的帮扶工作中，重点将部门资源向贫困村、贫困户倾斜，帮助贫困村改善基础条件、发展主导产业、壮大集体经济，破解制约贫困村发展的突出问题。一是加快脱贫攻坚基础设施项目实施的进度。帮扶单位对照脱贫验收目标任务和工作重点，落实各方责任，夯实各方面工作基础，加快扶贫项目实施进度，确保各项工作扎实高效开展。二是发展特色产业。"授人以鱼，不如授人以渔"，帮扶单位根据帮扶村的资源禀赋和条件，围绕特色农业种植、养殖等产业，寻找合适的经营发展模式，为贫困户脱贫致富提供助力。比如，发动贫困户种植核桃、中药材，养殖土蜂、中蜂；成立专业合作社。三是助推乡风文明。帮扶单位通过党员干部公益志愿活动、"五个一"（即为贫困群众"理一次发、洗一次澡、打扫一次卫生、换洗一次床单被套、整理一次内务"）、最美家庭评选、五好家庭评选等活动，全面推进人居环境大改观，贫困户精神面貌有效改善。四是提高群众满意度。群众是否满意是检验脱贫攻坚成效的重要标准。帮扶单位采用逐户筛查的方式，将基础设施、产业发展、环境改善等成果传递到家家户户，提升群众满意度。帮扶单位还重点关注特殊困难群体的生产生活状况，解决他们实际的生产生活困难。

2. 干部结对帮扶，引路带发展

为进一步整合资源、形成合力、发挥优势、放大效应，按时足额保质保量完成脱贫攻坚任务，成县建立县直单位所有在编在岗公职人员结对帮扶贫困户的干部帮扶体系。首先，县领导联村帮扶。成县实行县级领导分片联村联户，每个县领导分片联系 1—2 个行政村，为贫困村帮扶脱贫攻坚责任人，统筹调度村级脱贫攻坚工作。联村领导对联系贫困村的脱贫攻坚工作负有牵头责任。同时，县级领导亦带头按照脱贫攻坚要求落实"干部包户"结对帮扶工作。其次，县直单位和部门所有在编在岗的公职人员全部以帮扶责任人身份结对帮扶建档立卡贫困户，负责与结对帮扶对象开展"一对一"结对帮扶。帮扶干部的工作集中于：一是进村入户全面宣传脱贫攻坚政策措施，实现扶贫政策家喻户晓，引导贫困户解放思想、转变观念，主动参与精准扶贫、精准脱贫；二是负责精准制订和落实"一户一策"帮扶计划，帮助贫困户解决自身无法解决的急事难事。

3. 驻村帮扶，融关系激活力

改变农村面貌，帮助贫困群众摆脱贫困，全面建成小康社会，需要党和政府的好政策，也需要千千万万农村基层干部带领贫困群众不懈努力。选派驻村帮扶工作队是加强基层脱贫攻坚工作的有效组织措施。驻村帮扶把党和政府的各项惠农富农政策更好地落实到贫困村、贫困户，改进了帮扶者和被帮扶者之间的关系。同时，驻村帮扶队为贫困人口将脱贫愿望付诸实践给予实实在在的帮助和指导，比如开展有针对性的培训活动、引导村民选择适合自身实际的致富项目、为村民提供必要的资金和技术支持等等，激活贫困地区和贫困农户内生的发展潜力。驻村帮扶体系是成县在保证全县合力脱贫摘帽基础上建立的一项工作体系。驻村帮扶干部来到所属工作的贫困村，发挥自身优势与能力专长，为贫困村的建设与发展奉献自己的力量。为了更好发挥驻村帮扶工作队脱贫攻坚生力军的作用，成县成立了驻村帮扶工作领导小组，县委副书记担任全县驻村帮扶工作总队长，负责全县驻村帮扶工作队的统筹协调、培训管理、监督考核等工作，并制定出台了驻村帮扶干部管理的"一意见、两办法"，全面加强驻村帮扶干部管理，确保吃住在村、真帮实扶，真正做到了沉下去，使党员干部和群众同吃、同住、同劳动，与群众打成一片。

4. 企业伸援手，帮扶在实处

各类社会力量对联系贫困村负有帮扶责任，成县通过对企业予以政策上的补贴以及政府项目投标的优先优势，鼓励企业参与到脱贫攻坚，引导企业联系贫困村大力发展种养业等扶贫产业，引导吸纳和转移贫困村剩余劳动力，帮助贫困村改善基础设施和人居环境，加快贫困人口脱贫致富进程。一是动员重点企业带头履行社会责任，积极开展参与"百企帮百村"活动，组织引导 127 家重点企业结对帮扶 876 户 2402 名特困人员，累计捐款捐物折合资金达 1000 多万元。二是与企业、农民专业合作社进行合资入股，与其签订结对带贫协议，采取年底分红的形式开展扶贫工作。三是鼓励企业吸纳贫困户进入企业实现就近就业。四是帮助企业链接外部资源，与东部企业进行合作、在产业发展、人才培养、资金支持、园区建设等方面进行互助合作，促进企业自身发展，使企业自愿全身心投入到脱贫攻坚的任务当中来。五是鼓励电商企业与当地农户相联结，为本地农产品拓展销路，也为电商企业塑造品牌，更加积极地投入到精准扶贫当中来；鼓励电网、电信企业为贫困村做好供电、供网络工作，为脱贫攻坚工作的发展贡献力量。将企业吸纳到脱贫攻坚的任务当中来，可以优化脱贫攻坚体系，提供技术资金支持，加快脱贫攻坚进程。

5. 东西协作，携手共进

从 2017 年开始，成县与青岛市城阳区开展东西部扶贫协作，这一创举为精准扶贫提供了援助资金，促进了成县新兴产业的培育与发展。东西部扶贫协作还在教育、医疗、扶贫产业等各领域开展工作，促进能够带动贫困村帮扶协作的项目落户到村，生根发芽，真正实现内外联动、互利共赢。

二、"五级责任捆绑"传导脱贫攻坚压力

（一）立足目标任务，建立脱贫攻坚责任体系

2018年3月2日（正月十五），成县召开全县脱贫摘帽誓师动员大会，制定了脱贫攻坚责任清单，与各专责部门、各乡镇签订"军令状"，建立了县级领导、县直单位、乡镇、村、第一书记共同负责的"五级责任捆绑"机制。

1. 县级联乡（镇）领导的责任体系

县级联乡（镇）领导对联系乡镇的脱贫攻坚工作负有牵头责任。为了确保帮扶工作更具体、更细化，《成县脱贫攻坚工作责任清单》中明确了县级联乡（镇）领导的工作责任清单。一是指导乡（镇）脱贫攻坚工作方案的制定。围绕脱贫攻坚目标，县级联乡（镇）领导深入乡镇开展调研工作，督促和指导乡镇因地制宜制定脱贫攻坚工作方案。二是谋划帮扶项目和谋实帮扶措施。县级联乡（镇）领导协助落实政策措施，并指导乡镇、村逐村逐户谋划帮扶项目，因地制宜、精准施策。同时，督促乡镇、村干部用心、用情、用力帮助贫困户，做到措施精准、成效明显。三是问诊把脉，协调沟通。坚持问题导向，县级联乡（镇）领导每月至少召开1次脱贫攻坚调度会，掌握乡镇、村和帮扶单位脱贫攻坚工作进展情况，协调解决推进脱贫攻

坚工作中的重点和难点问题，推动脱贫攻坚工作向纵深推进。四是监督扶贫项目实施和资金使用情况。县级联乡（镇）领导每季度牵头组织开展脱贫攻坚督查工作1次以上，推动脱贫攻坚任务落实到位。五是落实"干部包户"结对帮扶工作。

2. 专责工作组责任体系

为更进一步增强脱贫攻坚工作的统筹和协调，增强脱贫攻坚凝聚力和战斗力，成县组成了15个专责工作组，将各项工作职责落实到部门、落实到人，形成脱贫攻坚强大合力。

一是综合协调专责部门。综合协调专责部门的工作重心是衔接联络、统计汇总、上传下达和信息传送，以协调各专责部门和成员单位围绕脱贫攻坚工作任务聚力。二是资金保障专责部门。资金保障专责部门承担两方面的主要责任：（1）充分争取、整合、撬动资金用于脱贫攻坚工作，为脱贫攻坚工作提供资金保障；（2）督查资金使用进度，监管扶贫资金使用情况。三是易地搬迁专责部门。易地搬迁专责部门的工作责任主要集中于易地搬迁规划的制定和政策的落实，以及统计、宣传。四是安全饮水专责工作组。安全饮水专责工作组主要负责全县贫困乡村饮水安全的整体规划，并指导相关乡镇有序推进安全饮水工作，使得家家吃上放心水。五是安全住房专责工作组。安全住房专责工作组的工作责任主要集中于全县贫困乡村安全住房的整体规划和组织实施贫困危房改造项目的落实，使得人人住上安全房。六是基础设施专责部门。基础设施专责部门负责全县贫困乡村路、电、网、文化、旅游等方面基础设施的建设，使得村村通上硬化路、组组通上动力电，不断完善贫困村的基础设施建设。七是产业开发专责部门。产业开发专责部门负责发展全县特色农业、林果业、农产品加工、光伏扶贫、乡村旅游、电商扶贫等富民产业，培育壮大村集体经济，搞好扶贫农业科技服务，实现农民的稳定增收。八是转移就业专责部门。转移就业专责部门负责加强驻外劳务服务站和基地建设以及劳务输入输出；负责贫困人口公益性岗位的落实；做好贫困乡村劳动力的职业技能培训工作，实现贫困户的就业增收。九是教育扶贫专责部门。教育扶贫专责部门负责落实教育扶贫政策，实施教学条件改善工程，提升贫困人口发展能力；加强农村义务教育学生营养改善计划实施工作，阻断贫困的代际传递。十是健康扶贫专责部门。健康扶贫专责部门负责落实医疗保险和医疗救助的帮扶措施；对贫困家庭大病和慢性病患者实行分类救助；推动落实"基本医保+大病保险+医疗救助"的贫困人口医疗保障政策体系，防止贫困户返贫。十一是生态扶贫专责部门。生态扶贫专责部门负责实施重大生态工程、实施地质灾害综合防治、推进林业生态保护和林业经济发展、加强草原生态保护及推进贫困地区人居环境改善，全面提升人居环境及建设好生态宜居的美丽乡村。十二是兜底保障专责部门。兜底保障专责部门负责为农村低保人员、老年人、残疾人、留守人员等综合实施保障性扶持政策，更好地满足人民群众对美好生活的向往。十三是驻村帮扶专责部门。驻村帮扶专责部门负责政策宣传、政策落实、制定规划、产业发展等工作，锻造了工作队伍。十四是督查督办专责部门。督查督办专责部门负责督查县委、县政府及县脱贫攻坚领导小组脱贫攻坚工作决策部署贯彻落实情况；负责督查各乡镇各专责部门脱贫攻坚工作推进落实情况；负责督查重大问题解决及主要指标完成情况。十五是组织保障专责部门。组织保障专责部门，一方面负责加强贫困乡村基层党组织建设，配强和充实扶贫工作力量，为脱贫攻坚提供保障；另一方面负责脱贫攻坚成效考核和贫困县党委和政府扶贫开发工作成效考核评估。

3. 乡镇党委、政府责任体系

乡镇党委、政府在本乡镇的脱贫攻坚工作中承担主体责任。乡镇党政负责人是乡镇脱贫攻坚的第一责任人。乡镇党委、政府在脱贫攻坚中的责任主要表现在以下三个方面：一是明确工作重点。乡镇领导需明确脱贫工作是全乡镇工作的重点，需将全乡镇的经济社会发展纳入脱贫攻坚工作中。乡镇主要领导要将90%的精力用在脱贫攻坚任务上，包抓"双联"工程，深化"双联"行动。二是落实管理之责。乡镇党委、政府制定本乡镇脱贫攻坚实施方案和"七个一批"分类脱贫清单；精心组织乡（镇）、村干部进村入户精准识别，按照"群众评议，程序合法"的要求，建立贫困户基础信息台账，做到精准无误、有进有出、动态管理；严格按照脱贫攻坚工作档案规范，及时收集整理脱贫攻坚工作所有台账资料，及时更新贫困人口信息系统，做到精准管理。三是落实推进职责。乡镇党委、政府组织乡（镇）帮扶干部，积极开展结对帮扶工作，做到精准帮扶；建立周例会、月分析调度机制，推进脱贫攻坚工作全程跟踪管理；督促指导村社开展脱贫攻坚工作，切实解决实际问题。

4. 村两委责任体系

村两委在本村脱贫攻坚工作中承担主体责任，村两委主要负责人是第一责任人，其他村社干部是具体责任人。村两委在脱贫攻坚工作中的责任具体而言包括：一是落实帮扶政策和措施之责。村两委认真学习贯彻落实精准扶贫和精准脱贫政策；加强村级党组织建设，发挥战斗堡垒和党员先锋模范作用；大力发展壮大村集体经济，带动群众增收；在尊重贫困户发展意愿的前提下，对照脱贫标准，依据县脱贫攻坚工作任务清单，提出有针对性的帮扶项目和帮扶计划，切实指导贫困户脱贫。二是激发贫困人口内生动力之责。村两委积极组织发动群众，激发贫困群众脱贫致富内生动力，集中力量解决发展难题，消除"等靠要"的思想。三是落实帮扶管理之责。村两委严格按照"两公示一公告"制度，组织精准扶贫、精准脱贫政策宣传，做好贫困人口识别，退出初审评议，公开公示，接受群众监督；随时掌握贫困户家庭状况动态，及时反馈给乡（镇）包片领导、扶贫工作站和帮扶责任人；收集收齐脱贫攻坚工作资料，在乡（镇）指导下，及时完善和整理脱贫攻坚工作村级档案资料。

5. 第一书记责任体系

成县实行的是第一书记与驻村帮扶工作队队长"一肩挑"制度，第一书记除了要履行本身的职责外，还需履行驻村帮扶工作队队长的职责。第一书记在贫困村脱贫攻坚中承担主要责任。第一书记的工作重心是负责组织研究制定和督促落实本村发展建设规划，协调争取项目资金、监督项目建设和资金使用管理，帮助完善基础设施、培育增收产业、壮大村级集体经济，协助乡镇党委抓好村两委班子和党员干部队伍建设。在脱贫攻坚中，第一书记的主要责任具体有：一是脱贫攻坚规划之责。第一书记制定和实施贫困村发展规划、脱贫计划和帮扶措施，帮助贫困户选准发展路子，做到"一村一策、一户一方"。二是脱贫攻坚实施落实之责。第一书记落实精准识别、精准施策、精准帮扶、精准脱贫、精准退出有关措施；参与实施特色产业扶贫、劳务输出扶贫、易地扶贫搬迁、贫困户危房改造、教育扶贫、科技扶贫、健康扶贫、生态保护扶贫等精准扶贫工作；参与到村到户到人扶贫资金项目的衔接立项，并督促抓好落实；争取各方支援援助，引进企业，带动引入资金、技术、信息等，吸引各类人才到村创新创业；帮助贫困村培育农民合作社等经济组织，培养贫困村创业致富带头人，发展壮大当地优势特色产业；创新工作模式，通过内引外联、股份合作、兴办实体、参股联合、抱团投资、资源带动、服务创收等方式，盘活闲置资产，帮助所驻村发展壮大村集体经济，增加村级集体收入。三是激发贫困群众内生动力之责。第一书记教育引导调动贫困人口的主动性和创造性，发挥群众脱贫致富的主体作用。

成县"五级责任捆绑"体系明确了各单位、部门的责任，通过层层传导压力，推动形成了一级压一级、层层抓落实的压力传导机制，充分发挥了各单位、部门的优势，激发了各单位、部门的潜能，创新了工作思路和工作方法，提高了脱贫攻坚的针对性和有效性，汇聚起脱贫攻坚的强大合力。

（二）立足问责问效，建立从严从实的督战体系

为了推动脱贫攻坚任务的圆满完成，成县坚持围绕目标、聚焦问题、实事求是、突出重点、群众参与、分级负责的原则，督促各有关地区和单位落实工作责任和政策措施，严格遵守纪律和规定，查找解决问题，改进工作方法。

1. 建立完善督查巡查体系

脱贫攻坚是事关人民福祉、事关巩固党的执政基础的重大政治任务。在脱贫攻坚过程中逐步完善，实行最严格的督查巡查制度，是对脱贫攻坚工作情况的验收，也是推进脱贫攻坚的重要保障。成县深刻领会中央纪委扶贫领域监督执纪问责会议精神，为增强做好扶贫领域专项督导督查工作的责任感和使命感，强化责任担当，制定了《成县脱贫攻坚督查巡查工作实施办法》《成县深化扶贫领域腐败和作风问题专项治理实施方案》《关于进一步强化纪律作风建设推动全县如期顺利高质量实现脱贫摘帽的通知》《精准监管责任清单》《潜在风险防控责任清单》等文件，构建了脱贫攻坚的督查巡查体系，组织开展了扶贫领域突出问题的督查巡查工作。

为了建立督查考核体系，健全完善督查考评机制，成县设立了县委、县政府督查考核办公室。成县督查考核办公室兼具督查与考核考评的双重职能，为各项工作推进落实、年度目标责任考核提供了强有力的保障。另外，成县还专门成立了督查问责专项工作组，由县委常委、纪委书记、监委主任任组长，县委常委、县委组织部部长任副组长，县纪委、县委组织部副部长、县委监考办主任、县委农办主任、县帮扶办主任、县扶贫办主任为成员，全面落实成县脱贫攻坚督查督

导工作；负责督查县委、县政府及县脱贫攻坚小组脱贫攻坚工作决策部署贯彻落实情况；负责督查各乡镇专责工作组脱贫工作推进落实情况；负责督查重大问题解决及主要指标完成情况；及时汇总督查中发现的问题，提出问题整改建议。

成县的督查工作坚持目标导向，着力于推动工作的落实。在督导力量上，为落实督查巡查工作，从各部门抽选 16 名干部，制定督查方案，组建更专业、更精准的监督检查组；在督查内容上，督查的重点内容聚焦于各乡镇、各县直部门及双联单位脱贫攻坚目标任务的落实情况；在督查方式上，成县采用综合督查和专项督查的方式，对各乡镇、各县直部门及双联单位的脱贫攻坚工作情况进行综合督查，对脱贫攻坚的重点工作进行专项督查；在督查结果的运用上，督查结果会作为各乡镇、各县直部门及双联单位年度考核的重要依据，对督查情况好的乡镇和县直有关单位通报表扬，并总结推广先进经验；对督查中发现的问题限期督促纠正。成县巡查工作坚持问题导向，着力解决突出问题。成县脱贫攻坚巡查工作组，对发现和曝光的突出问题、失职渎职问题、腐败和作风问题不定期开展巡查工作。

2018 年以来，成县先后组织开展扶贫领域监督检查 5 轮次，围绕"两个责任"落实，由县委常委带队，对 17 个乡镇和 36 个县直重点单位开展了半年督查；围绕扶贫领域腐败和作风问题专项治理，由县纪委监委班子成员带队，对各乡镇和脱贫攻坚专责部门进行了专项监督检查，发现反馈一般性问题 111 条，排查收集问题线索 7 条；围绕东西部扶贫协作领域资金项目落实，由县纪委、扶贫办、财政局等单位联合对 17 个乡镇和 16 个县直部门进行了全面督查；围绕群众满意度提升，对 7 个乡镇、10 个村进行了集中督查；围绕精准帮扶工作，深入开展驻村帮扶工作常年督查，先后对群众认可度不高、工作成效不明显的帮扶干部开展诫勉谈话 35 名，通报批评 10 名，调整召回并重新选派队长 14 名、队员 32 名，发出督查通报 17 期。

2. 建立脱贫攻坚成效考核体系

成县脱贫攻坚工作成效的考核从减贫成效、精准帮扶、帮扶资金的使用以及精准管理四方面全方位展开，不仅仅具有定性考核还具有定量考核，依据考核的结果进行奖惩和问责。成县充分发挥成效考核指挥棒的作用，确保各项扶贫政策、扶贫措施、扶贫项目作用的发挥。

首先，完善脱贫攻坚成效的考核制度。加强考核，用最严格的制度来要求和监督。成县积极出台并完善精准扶贫工作考核办法，确定考核内容，主要包括减贫成效、精准帮扶、帮扶资金的使用以及精准管理等方面，并根据乡镇以及贫困村的特点，制定了相应的驻村干部扶贫工作考核办法，细化了考核指标，包括贫困户的满意度、扶贫项目的落实度、扶贫资金的使用情况等方面，以考核制度作为约束和纲领性文件，督促脱贫工作的开展实施。

其次，加强脱贫攻坚成效考核的组织管理。以县脱贫考核制度为指导，成县各乡镇、村层层开展扶贫工作成效考核工作，进行脱贫攻坚工作进展状况的定期审查。考核既有定期考核，又有不定期考核，考核频率不定期，而且时间间隔很短，使脱贫工作的领导、干部和工作人员时刻保持工作责任状态，有助于对脱贫攻坚动态的整体把握。

最后，完善脱贫攻坚成效的评估体系。成县制定了脱贫成效的评估指标体系，采用定量和定性相结合的方法，结合过程和结果评估，理性、客观反映脱贫情况。评估指标体系不仅仅注重贫困人口数量的减少、收入的增加、项目开发落实等定量指标，还注重村民的满意度、人才培养等定性指标。成县为保障脱贫攻坚工作数据的客观性和真实性，不仅仅通过政府考核评估，也通过第三方进行评估，加强对脱贫攻坚工作成效的社会监督。这也有助于统筹脱贫全局，以评促改，科学脱贫。与此同时，成县组建了专业的督查小组，对各个指标进行考核，考核力度比较大，不仅仅通过常规考核，还会使用暗访、突查等多种方式，大大提高了考核的可信度。

3. 落实责任追究体系

建立最严问责制度是持续深入开展脱贫攻坚工作的有效震慑力量。为进一步增强及各级干部的责任意识和大局意识，成县在《甘肃省党政领导干部问责实施办法（试行）》《甘肃省脱贫攻坚责任制实施办法》的相关规定基础上，制定了《成县脱贫攻坚工作问责暂行办法》《基层党建工作问责办法（试行）》，不断强化扶贫领域执纪问责，以最严措施、最严纪律、最严督查保障脱贫成效。

第一，靠实责任，失责必问。有考核必有问责。成县聚焦监督执纪问责，坚持"谁的项目谁来做，谁的责任谁承担"的原则，明确了脱贫攻坚工作中包括县脱贫攻坚领导小组成员单位、各组长镇党委政府、双联驻村帮扶单位及相关的干部在内的各主体的问责情形，并根据不同单位及不同人员所涉及的具体工作内容的不同，分解定责，细化问责情形。成县纪检监察和组织人事部门负责脱贫攻坚工作中出现的工作落实不到位的问题，坚持权责一致、实事求是、惩教结合、推动工作、分级负责、依规有序的原则，根据问责对象和问责情形的不同，确定了不同的问责方式对单位和个人实施问责。针对在脱贫攻坚中履行主体责任不力、组织不力、措施不实、没有按期完成脱贫攻坚目标任务的各单位采用通报批评、书面检查及取消当年评先评优资格的方式严肃问责。针对在脱贫攻坚中对工作重视程度不够、不落实扶贫任务、未完成脱贫攻坚具体任务或者严重违纪的各级单位干部和工作人员进行约谈，责令作出书面检查，并采取淘汰机制，取消评先评优资格。

成县对群众反映和督查发现的扶贫领域腐败问题，始终坚持"零容忍"的态度不变，发现一起查处一起，不留"暗门"，不开"天窗"，从重从严从快处理，绝不姑息迁就。同时，坚持"一案双查"，对有关部门和干部失职失责的，坚决追责问责。成县所构建的责任追究体系持续释放执纪越严明的强烈信号，充分发挥了震慑警醒作用。2018年，成县在脱贫攻坚领域共问责156人，其中给予党纪政务处分34人、提醒约谈75人、告诫约谈39人、诚勉谈话43人，问责乡科级领导干部65人，通报批评29个单位，曝光典型案例20多起。

第二，问责程序，多元严格。成县坚持"严"字当头，加大问责力度，问责程序也不断多元。只要上级党委、政府和主管部门的指示和批示，或是有检举控告材料，或是曝光、民主评议、领导小组检查中出现的问题，均可启动问责调查程序。在问责调查过程中，与调查对象具有直接或者间接利害关系的人员全部回避。在调查过程中，对于不配合，或是阻挠、拒绝或者干预调查工作的被调查对象，调查单位可依照有关程序和规定暂停被调查对象的职务。而且在问责决定作出后，会在其责任所影响的范围内向社会公开。

最严责任追究体系的形成，加强了各级单位、各级干部和各级工作人员的责任意识，促进了各级单位、干部和工作人员的履职尽责，引导他们全身心投入脱贫攻坚一线，形成一级为一级负责、上下相互监督的良好格局，为脱贫摘帽提供保障。

三、机制创新激发各级主体脱贫攻坚活力

动员和凝聚全社会力量广泛参与脱贫攻坚，是我国扶贫事业的成功经验，是中国特色扶贫开发道路的重要特征。一般来说，脱贫攻坚动员和凝聚的力量主要有行政力量和社会力量两个类型。行政力量来源于政府权力，是脱贫攻坚的主导力量；社会力量来源于市场、社会组织和公民个体等多元主体，是脱贫攻坚的补充力量。社会力量参与脱贫攻坚已成为脱贫攻坚的一种重要方式。脱贫攻坚需要充分发挥政

府和社会两方面力量的作用，这就必须健全激发全社会力量参与的机制。

为了动员全社会力量参与脱贫攻坚，成县探索机制创新激发各级主体参与脱贫攻坚的活力，形成了广泛参与、合力攻坚的扶贫参与机制，引领市场、社会协同发力、引导脱贫攻坚干部、社会企业、贫困群众在脱贫攻坚前线勇于担当、攻坚克难，为打赢脱贫攻坚战注入强劲动力，确保如期实现扶贫开发"两不愁三保障"的奋斗目标。

（一）创新价值引导机制，凝聚共识

价值引导机制是激发各级主体参与脱贫攻坚的核心。全社会参与脱贫攻坚需要各级参与主体有共同的价值认同和价值取向，以引导各级参与主体在脱贫攻坚过程中协同发力、聚力增效。此外，社会力量参与脱贫攻坚。由于社会力量主体的多元化特征，多元主体在价值上会呈现非一致性，这会导致脱贫过程中社会力量的行动难以协同。故此，各级主体参与脱贫攻坚需建立健全价值引导机制，通过价值引领凝练共识，通过价值引导协力方向，真正做到"心往一处想，劲往一处使"。成县主要采用舆论宣传的方式，通过对社会主义核心价值观和中华民族传统美德的培育和弘扬，逐步健全脱贫攻坚的价值引导机制。

1. 培育和践行社会主义核心价值观

全社会力量参与脱贫攻坚的广度主要取决于价值认同。培育和弘扬社会主义核心价值观，是有效整合社会意识，维护社会秩序的重要途径，保证了社会系统的正常运转。培育和践行社会主义核心价值观，为成县脱贫攻坚工作提供了源源不断的精神动力和道德滋养，凝心聚力，让各级力量围绕脱贫攻坚事业持续发力。此外，落实到社会主义核心价值观的个体层面，"友善"可以作为社会各级力量参与脱贫攻坚的主体价值理念。友善是公民基本道德规范，指帮助他人、乐于助人。只有培育全体公民的善心和爱心，注重培育友善互助的社会主义核心价值观，才能激发全社会力量积极参与脱贫攻坚的热情，才能为全社会力量参与脱贫攻坚奠定厚实的价值认同基础。

2. 弘扬扶贫济困的中华民族传统美德

扶贫济困、崇德向善、乐善好施，是中华民族的传统美德。全社会参与脱贫攻坚，重在传承中华民族的传统美德，倡导友善互助，展示爱心善举，凝聚人道关怀。因此，要构建人人皆愿为、人人皆可为、人人皆能为的全社会力量的扶贫参与机制，就必须大力弘扬中华民族传统美德中的扶贫济困理念，使之成为各种力量参与脱贫攻坚的基本价值取向。成县积极追求高尚的道德理想，不断夯实中国特色社会主义的思想道德基础；深入开展爱国主义教育，大力弘扬中华民族传统美德，推进公民道德建设工程，加强社会公德、职业道德、家庭美德和个人品德教育；宣传学习先进典型，推进精神文明创建活动，引导人们讲道德、尊道德、守道德，形成根基雄厚的崇德向善的人民力量。

3. 着力加大舆论宣传力度

舆论宣传是参与脱贫攻坚的各级力量形成价值认同的重要机制。从现实情况来看，成县加强舆论引导，把扶贫纳入基本国情教育范畴，开展扶贫系列宣传活动，充分利用"扶贫日""脱贫攻坚奖评选表彰"等机会对各级脱贫攻坚力量的典型事迹、典型人物进行宣传报道，从而营造全民参与扶贫的良好氛围；利用移动终端广泛使用的发展趋势，开设扶贫微信公众号发布扶贫的信息，推广扶贫的先进经验，从而增强各级力量参与的影响力；利用线上线下、新旧媒体，包括具有社会影响力的组织和个人等一切可以利用的媒介，广泛传播社会力量扶贫的知识和价值观，及时引导各级扶贫主体的扶贫行为。

（二）完善激励机制，激发企业、社会组织参与脱贫攻坚活力

脱贫攻坚没有全国动员、全民参与，不集聚全社会的力量，就难以取得胜利。企业和社会组织是参与脱贫攻坚的重要社会力量，社会力量参与脱贫攻坚也受到了国家的重视。

从脱贫攻坚的具体推进看，成县一大批龙头企业、合作社、电商企业，比如红川酒业、同谷家裕、陇小南等企业积极主动参与脱贫攻坚、带动贫困群众脱贫致富；一些具有资金管理经验的农民工、中高等院校毕业生、退役军人及有意愿、有能力的科技人员积极投身于贫困地区创业，带领贫困地区贫困群众脱贫。成县的实践探索中建立的针对社会力量的激励机制，既有精神层面的激励，也有经济层面的激励，又有政治层面和民生层面的激励。这些激励政策具体明确、接地气、可操作性强，顺应了公众的期待，对于激发社会力量参与脱贫攻坚的积极性将产生立竿见影的效果。

1. 建立与绩效相衔接的扶贫优惠政策

企业、社会组织参与脱贫攻坚的深度取决于政策激励。企业、社会组织参与脱贫攻坚的激励政策主要包括税收优惠政策、就业支持政策、信贷支持政策和产业支持政策等方面。这些激励政策直接关系到企业、社会组织参与脱贫攻坚的积极性。成县对于企业、社会组织参与脱贫攻坚的各种优惠政策，无论是税收优惠政策、就业支持政策、信贷支持政策，还是产业支持政策，都在基层扶贫政策文件中给出明确的规定。同时，必须以企业、社会组织参与脱贫攻坚的绩效为价值导向，设置可操作化的优惠标准，并明确按照相应的标准切实落实有关优惠政策。

成县采取由农办牵头，农牧、扶贫、财政、国土、住建、税务、

审计等多部门联动，在全县范围内通过业绩考核、抵押评估、风险分析广泛筛选、择优推荐，并经县脱贫攻坚领导小组会议研究的方式，确定带贫主体红川酒业和电商发展龙头企业陇南华昌电商发展有限公司，由县委农办作为贫困户代表，将涉农整合资金入股带贫企业并签订带贫协议。此外，成县坚持"抓产业必须抓龙头企业和合作社、扶持龙头企业和合作社就是扶持产业发展"的理念，发力培育和壮大新型经营主体，积极探索利益联结机制，带动贫困群众全面参与。截至2018年年底，成县培育农业龙头企业27家，发展农民专业合作社1062家，吸纳成员6454人，带动农户19159户，其中贫困户5620户。打造电商扶贫"成县模式"，全县1127家各类网店、微店，与贫困户通过签订带贫协议，帮助贫困群众销售农产品近3800万元，实现贫困人口人均增收715元，直接带动就业1.38万人。

2. 建立荣誉性奖励政策

要广泛动员社会力量参与精准扶贫，就必须设置各种荣誉性奖励政策，以强化企业与社会组织参与脱贫攻坚。彰显荣誉性奖励政策对社会力量扶贫的肯定与激励，增强社会力量扶贫主体的成就感和荣誉感。成县探索了建立农业龙头企业、专合组织、电商企业带动贫困户，扶持贫困户自主发展产业即"三带一扶"奖补机制；鼓励先富带后富，通过确定9类重点扶持产业，对带动贫困户的经营主体和自主发展产业的贫困户，根据产业发展规模和数量，按照一定标准分别给予一次性现金奖励。同时，建立激励体系，政府扶贫部门定期开展社会扶贫表彰，对扶贫工作贡献突出组织或个人给予精神上和荣誉激励，例如"扶贫爱心企业"等荣誉称号，这些都是对社会成员参与扶贫工作的肯定和奖励，这有利于保持扶贫活动的长期性。

（三）健全人才培育与使用机制，激发干部参与脱贫攻坚活力

激发干部人才队伍活力，推动干部在脱贫攻坚中有担当、有作为，是成功完成脱贫攻坚任务的重要保障。

1. 把脱贫攻坚实绩作为选拔任用的重要依据

成县在脱贫攻坚战中，注重加强对干部的思想教育，牢固树立"聚焦精准扶贫，聚焦基层一线"的选人用人导向，特别注重在脱贫攻坚中检验识别和培养使用干部。在面上，向乡镇基层和脱贫攻坚一线倾斜；在点上，向业绩显著的乡镇和扶贫职能部门倾斜；具体到干部上，向政治清醒有规矩、勇于实干有担当、群众公认业绩实的干部倾斜。2016年以来，成县累计提拔乡镇脱贫攻坚一线干部140名，从精准脱贫一线提拔科级干部58名，占总数的78%，向市委推荐1名贫困片区干部担任副县级领导；选树表彰先进驻村帮扶工作队29个、工作组14个，优秀第一书记40名、先进队长24名、先进队员47名、先进组员24名，极大地激发了全县广大干部投身脱贫攻坚的主动性。

2. 把脱贫攻坚战场作为干部培育的重要基地

打赢脱贫攻坚战，关键在人，在人的观念、能力、干劲。贫困地区最缺的是人才。对基层干部，重点是提高实际能力，培育懂扶贫、会帮扶、作风硬的扶贫工作队伍，增强精准扶贫、精准脱贫工作能力。成县注重以事择人选用干部，向104个贫困村选派驻村帮扶队员504名，向141个非贫困村选派282名驻村工作组员，在脱贫攻坚的一线培育干部队伍。同时，还选派乡、村干部参加省、市调训283人次。成县还向东西部扶贫协作中联系帮扶成县的青岛市城阳区选派挂

职干部，组织党政干部赴青岛市参加培训两期 100 人次，选派教育、卫计系统 571 名专业技术人员赴青岛市城阳区学习培训。此外，成县为了进一步提高脱贫攻坚一线干部工作能力，补齐短板，扎实开展脱贫攻坚一线干部全员培训工程，采取市级示范、县级轮训方式，在理论学习与业务实践水平等方面有组织、有计划地进行多种形式的培训教育，帮助脱贫攻坚一线干部提高综合工作能力，增强为基层服务的本领。

3. 倡导容错纠错促干部责任担当

以往干得越多错得也就越多，干部们不敢做实事之风盛行。为了解决这种困境，成县认真落实《陇南市党政干部容错纠错办法（试行）》，不断探索容错纠错路径，该严则严、当宽则宽，为担当者担当，为负责者负责，让敢担当、敢创新的干部没顾虑、有舞台。成县倡导容错纠错机制，引导干部既勇于担当、大胆创新，又注意改正错误、少走弯路；敢于打击歪风邪气，让恶意中伤、诬陷他人、别有用心者受到惩戒。

4. 强化正向激励

设立脱贫攻坚奖，表彰对扶贫开发作出杰出贡献的组织和个人，树立脱贫攻坚先进典型，对动员全党全社会共同努力、打赢脱贫攻坚战具有重要意义。成县对在脱贫攻坚一线表现突出、成绩显著的个人和集体予以奖励，树立了先进获激励、优秀得表扬的鲜明导向。2019年 6 月，成县召开了全县脱贫攻坚成效巩固提升暨表彰大会，坚持脱贫一线导向，拿出 152.5 万元奖励资金，从不同层面、不同行业领域选树表彰了 111 个脱贫攻坚先进集体、350 名脱贫攻坚先进个人，并全面部署了巩固提升脱贫成效工作，进一步激励全县上下快马加鞭不下鞍，乘胜追击、持续用力做好持续稳定脱贫工作。

（四）探索内生动力激发机制，激发贫困群众参与活力

脱贫攻坚必须得到贫困群众的广泛参与才能取得成功。成县脱贫攻坚的实践领域中，贫困户呈现出较高的参与态势，这得益于成县对贫困群众内生动力激发机制的不断探索。

1. 突出思想引导，营造主动脱贫环境

思想工作是开展其他工作的前提，能为其他工作顺利展开创造良好的思想和社会环境，也能为脱贫攻坚创建健康有序的工作环境。成县采取凝共识、扬美德的方式，克服脱贫过程中的贫困群众惰性心理，摒弃争当贫困户的错误心态，打破传统的宿命论，为贫困群众的主动脱贫营造良好的社会氛围，转变脱贫过程中消极等待的思想，促进从"要我脱贫"到"我要脱贫"转变的实现。一是凝聚思想共识。成县深入开展社会主义核心价值观活动，将社会主义核心价值观融入农村基层党组织建设、基层政权建设、群众生产生活、村规民约中，不断用主旋律占领农村思想阵地。二是弘扬传统美德。成县深入推进村民自治，督促各乡镇结合各村实际修改完善村规民约，组织精心创作了"成县村规民约七字歌"，引导群众更新生活理念、加强自我管理、革除陈规陋习，共树文明新风；组织开展以孝老敬亲、知恩感恩为主题的教育宣讲 300 余次，鼓励和引导贫困户摒弃"等靠要"思想，依托政策支持，提高自身发展能力，改变贫困现状。三是做好政策宣讲。成县紧扣脱贫攻坚这个中心任务，采取走访农户、召开会议、发放资料、办班培训等形式，大力宣传脱贫攻坚相关惠民政策，用群众听得懂、听得进的语言讲政策、讲形势、讲机遇，让老百姓能熟知、会运用、提认识，并积极参与到脱贫攻坚工作中来；充分利用县内各种主流媒体和新兴媒体，有效使用户外公益广告、农村文化墙、宣传橱窗等宣传载体，深入宣传党中央、省市脱贫攻坚决策部

署，让群众熟悉政策不曲解、干部执行政策不走样。四是因人施教，督促改正。成县特别针对家境贫寒、动力不足的群众，通过扶持引导发展产业、外出务工的方式帮助其通过自身勤劳奋斗增收致富；对一味索取、不知足、不感恩的群众，加强教育引导和法制宣传；对好吃懒做、不愿发展的贫困群众，加强思想惩戒和引导帮带，督促积极主动脱贫。

2. 扶志调动贫困群众主体参与脱贫攻坚的积极性

贫困群众是脱贫攻坚的中坚力量，也将会是脱贫历史的缔造者。贫困群众是可以通过勤劳奋斗改变贫困的。帮助贫困群众重塑改变现状、创造新生活的信心，才能激发贫困群众脱贫热情，才会使贫困群众投身于生产实践中发挥主动性和创造性。一是引导贫困群众逐步确定发展目标。成县通过开设专题宣传栏目，对在脱贫攻坚一线中涌现出的突出事迹，群众公认、影响广泛的先进典型进行集中宣传，在全县掀起学优秀、赶先进的热潮。二是协助贫困群众确立发展信心。为提升贫困群众的脱贫积极性，成县还在县乡两级分层次开展道德模范、"最美家庭"、勤劳致富典型等评选表彰活动，选树各类先进典型390余人，以身边人、身边事感化教育群众，自觉养成孝老敬亲、苦干实干、勤劳致富新风尚。选树典型、示范带动，达到了宣传一个、影响一群，命名一个、带动一片的效果，形成"我参与、我光荣""我脱贫、我光荣"的浓厚氛围，引导更多贫困户斩穷根、摘穷帽，凝聚脱贫攻坚的强大精神力量。

3. 扶智提升贫困人群参与脱贫攻坚的能力

"扶贫需扶智，治贫先治愚"强调了能力在贫困户脱贫中的重要作用，同时也彰显了教育在扶贫中的重要地位。教育水平的高低影响到地方的生产力发展水平，是衡量人口素质的重要尺度。提高贫困地区人口思想素质、知识水平、劳动能力，能为当地经济建设和社会发展提供动力支撑。

成县在扶智方面主要有以下举措：一是通过教育切断贫困代际传递。成县全力控制辍学率，确保贫困户子女享受免费教育，全面落实各学段资助政策，巩固义务教育均衡成果，不断改善贫困乡镇和贫困村义务教育办学条件，全面消除了因学返贫。二是对贫困群众开展技能培训，扩展贫困群众的创业就业机会，帮助贫困群众提高增收致富能力。成县立足产业发展和贫困户需求，实施贫困户能力素质提升项目。截至 2018 年年底，成县累计投入培训资金 1934.227 万元，开展"两后生"培训和实用技术、劳务技能等培训 4.2 万人次，其中建档立卡贫困户 14474 人，完成职业技能鉴定 29045 人，输转劳动力 29.2 万人次，创劳务收入 59.35 亿元。2018 年，成县输转劳动力达 5.58 万人次，创劳务收入 13.73 亿元，外出务工人员人均增收 2.46 万元。同时，成县还招募农技专家、科普人才、种养殖能手等志愿者，向农民传授实用技术、种养技能。三是开展农村志愿服务活动。成县倡导农民就近开展送温暖献爱心活动，用结对帮扶、亲情陪伴等形式，帮助空巢老人、残疾人和留守儿童解决困难，编织村寨爱心网，开展脱贫攻坚志愿服务。

4. 建立脱贫退出奖励机制，激发贫困群众脱贫的主动性

奖励机制是一种导向、促进人类行为的管理手段，是一种正向激励。奖励机制可以帮助人们产生强大的行为驱动力。成县积极探索建立了建档立卡贫困户脱贫退出奖励机制，调动了贫困群众主动脱贫的积极性。根据《成县 2019 年度贫困退出验收工作实施方案》的指导，成县对照人均纯收入、安全饮水、义务教育、基本医疗、住房安全等贫困人口退出验收指标，严格执行退出验收程序，认真核算拟退出贫困人口的人均纯收入及"两不愁三保障"达标等情况。对于达标的脱贫户设三类奖金进行奖励，引导贫困群众树立"脱贫光荣"的自信，有效激发了贫困群众脱贫的内生动力，使贫困群众主动参与

脱贫，为自己的美好生活奋斗。成县先后发放 364.72 万元对 4553 户脱贫户进行脱贫奖励。贫困户脱贫退出奖励机制为如期完成全县脱贫摘帽目标任务打下基础。

第五章

产业优化：筑牢脱贫攻坚基石

产业是贫困地区经济发展的重要基础和有力支撑，产业兴则经济兴，产业强则经济强。产业扶贫对于促进贫困地区经济发展有着十分重要的作用，它是贫困地区人民长效增收和致富的重要渠道，是实现扶贫成效可持续发展的重要源泉。同时，产业扶贫也是因地制宜充分挖掘和利用贫困地区的可利用资源来帮助贫困地区群众摆脱贫困的重要抓手，也是党中央倡导"造血式"扶贫的关键举措。产业发展在脱贫攻坚中发挥着支撑作用，而产业协同发展扶贫则更能够有效整合资源，最大效能地发挥产业扶贫的巨大力量，进而实现高效发展。协同发展理论是产业协同发展扶贫的理论基础和应用基础，协同发展也是当前经济发展的必然要求。成县脱贫实践中，遵循产业协同发展，充分发挥政府、企业与村庄三大主体的效力，做到主体协同、过程协同和制度协同，形成政策自上而下一以贯之、自下而上及时灵活的信息反馈及多元参与制度。成县的一主四辅产业格局、多元主体参与产业扶贫的大格局，对于打赢脱贫攻坚战、推动全面建成小康社会、实现乡村振兴具有重大的意义。

一、打造"一主四辅"产业发展布局

产业是脱贫之基、富民之本、致富之源，一个地方要发展，就必须有产业的支撑。

近年来，成县县委、县政府在深入研究有关农业产业政策的同时，从成县的县情出发，坚持依托资源禀赋，充分发挥各类资源优势，着力开发系列特色农业产业。按照"主导产业增效益、优势产业扩规模、特色产品创品牌"，把特色农业作为成县农村经济发展的战略重点，逐步形成了以核桃产业为主导，养殖、中药材、果蔬、油料产业为辅的"一主四辅"产业发展格局，围绕"主导产业（核桃）由大变优、区域优势产业（草畜、蔬菜、中药材）由小变大、地方特色产品（鲜果、养蜂、油用牡丹等）由特变精"的产业发展目标，发展特色种养、林下经济、设施农业等产业，通过各类产业的协同发展，推动成县经济稳步增长，形成可持续发展的特色之路。

全县已发展核桃50万亩1100万株，先后建成丰产示范园2万多亩、采穗园2700多亩、苗木繁育圃5000多亩，建成核桃专业村200多个，发展万亩核桃林带11条。"成县核桃"被认证为全国地理标志保护产品。已建成标准化规模养殖场320家，年养量达到208万头（只），实现产值1.86亿元。养蜂量达到4.8万箱，年产蜂蜜250吨，实现产值790万元。全县中药材种植面积达到6.8万亩，年采挖量3万吨，实现产值0.8亿元，建成以鑫园药业有限公司等为主的中药材生产及加工企业两家，打造中药材示范点5个。果蔬种植面积达到10.84万亩，产值超过1.8亿元。油菜种植面积达到6.7万亩，年产值4388万元。油用牡丹种植面积达到6157亩，年产油用牡丹籽31吨，年产值140万元。

（一）"四化"并举，做优核桃产业

成县是陇南市核桃重点生产县之一，处于南北气温带的过渡带，绿地条件相对较好，自然资源较丰富。核桃是成县的一个传统种植产品，在广大农村，家家户户都有种植。成县广大干部群众认识到种植核桃既能绿化山川，又能帮助群众增收，具有巨大的发展潜力。基于这样的认识，20 世纪 90 年代中期，成县县委、县政府立足长远、科学定位，提出了"发挥资源优势，做大核桃产业，再造一个永续利用的绿色'铅锌矿'"的发展思路，把核桃产业作为支柱产业进行精心扶持，一任接着一任干。

成县县委、县政府作出的一项事关全县农村工作的重要决定，是把核桃产业做大做强，形成支撑全县特色产业发展的强型骨架。成县在发展核桃产业方面，通过品种改良、高接换优、综合管护等措施，推进核桃产业规模化发展、品种化栽培、园艺化管理、产业化经营。树立"基础在核桃、优势在核桃、出路在核桃"的产业发展理念，落实核桃产业增产增收的各项措施，坚持向管理要效益，推进核桃产业精深加工、延长产业链条，使核桃产业产值"最大化""长久化"，在核桃产业做大做优的同时，对核桃种植方面进行了健全病虫害防治体系，降低病虫害发生率，实现有机、绿色、无公害核桃产品种植管理。

在党和政府的带领下，发展核桃产业。经过近 30 年的发展，核桃产业已经成为全县的龙头产业。

1. 核桃发展规模化

成县县委、县政府经过多年的政策引导、资金倾斜、人才支持及制度保障，依托造林补贴试点项目和亚行林业生态发展项目，在各乡镇进行核桃集中建园，集中化栽种优质核桃嫁接苗，使核桃基地由分散、单一走向集中、多元，核桃规模进一步扩大，通过抓规模、抓典型，带动促进全县核桃产业步入良性发展的轨道。

2. 核桃栽培品种化

成县坚持以龙头带基地、以品牌拓市场、以市场促推广，把核桃品牌化栽培作为全县农业农村工作的头等大事，建立"县级领导联乡抓、联村单位帮扶抓、林业部门指导抓、乡镇具体落实抓"的工作机制，动员省、市、县联村单位的力量，整合调动全县各方面资源，抢时间、大规模、高标准、重质量完成任务。建成核桃接穗储备库，通过县内采集、市内调剂、外省调运等多种渠道，采集调运优质核桃接穗，及时蜡封冷藏，有效保障核桃原料供应；在人员培养方面，采取"内联+外引+培训"的方式，全力保障嫁接技术力量，通过外聘嫁接技术员，县内组织嫁接技术员，以及"1带2""师带徒"的方式培养技术员，组建嫁接队，逐乡逐村开展核桃嫁接工作，实现核桃的品种化栽培。加大培训群众力度，并跟进落实夏季芽接和接后管理措施，提高嫁接成活率，实现任务和成效的双突破。

3. 核桃管理园艺化

"三分种植，七分管理"。成县县委、县政府运用科学技术和综合管理，采取"在一线启动工作、在一线培训技术、在一线帮扶推进、在一线督促检查"的"四个一"工作法，坚持适时防治、重点管理，在春秋两季发动群众全面落实以施肥、修剪和病虫害防治为主的综合管理措施，达到群众广泛参与、措施配套落实、防治全面覆盖的效果。特别是积极探索实用有效的技术措施，建立多个病虫害监测防治示范点、综合管理示范点，引进推广林木长效保护剂，达到降低成本、减少劳力、提高效益的目标，促进核桃树综合管理措施的重大革新，促进核桃树的优质种植。

4. 核桃经营产业化

让农民群众通过核桃这一主导产业增产又增收，一直是成县县委、县政府最关心的事，也是动脑筋、想办法最多的事。成县推广普及核桃采收加工机械，对重点乡镇、合作社、种植大户配置核桃脱青、漂洗、烘干设备。加大对核桃产业龙头企业的扶持力度，建立企业带基地、基地连农户的互动发展机制，健全产地营销体系，促进核桃产业持续快速发展。成县通过招商引资、商贸洽谈，积极吸引核桃产品深加工企业到成县投资，延长核桃产业链条。认真落实省、市、县关于发展电子商务的决策部署，以核桃产品网络营销为突破口，利用林业网站、微信、微博、网店等新媒体，大力宣传推介"成县核桃"，拓宽农产品销售渠道。同时，鼓励林业系统干部职工注册网店，扶持发展核桃专业合作社，发展核桃种植专业村，积极为县内核桃加工企业和营销大户提供技术和信息服务，积极拓宽核桃产品营销渠道，全力打造"成县核桃"品牌。

（二）提档升级，做强养殖产业

1. 农业养殖业联合体建设

（1）推进农业产业化联合体建设

成县发展养殖产业，建立起牛羊产业精准扶贫合作组织，开展以龙头企业、农民合作社和家庭农场等新型农业经营主体的分工协作为前提，以规模经营为依托，以利益联结为纽带的农业产业化联合体建设，形成县级统筹组织，选择培育龙头企业闯市场、树品牌、立标准、下订单，农民合作社上联龙头、下联贫困户，依标准组织生产的模式，重点发展牛羊产业的乡镇，注重引导建立产业化联合体，发展牛羊产业乡镇的贫困村，实现专业合作社全覆盖，形成龙头企业、养殖专业合作社与贫困群众共享产业扶贫成果的新格局。

（2）强化牛羊产业种业保障体系建设

成县在全县范围内支持育种基础好、创新能力强、市场占有率高的牛羊企业开展育种工作，为牛羊产业发展提供优质种牛、种羊，进一步提升产业竞争力。构建以种业公司为龙头、扩繁场为依托、乡镇改良站为网点的畜禽良种引进、扩繁、推广和杂交利用体系，筛选适宜当地生态条件的商品杂交组合，开展经济杂交，提高牛肉、羊肉产出效率，为发展牛羊产业提供产量保障。

（3）开展产业精准扶贫全员培训

成县农业局结合牛羊产业发展实际，分层次开展场舍建设、饲料生产、精准饲养、粪污处理、种养结合、农牧循环等方面的培训，有效解决贫困户在养殖生产和管理经营中遇到的实际困难和问题。强化实战操作培训，组织培训人员到龙头企业、标准化示范场现场参观、实践，提高生产技能。加大培训覆盖面，做到养牛、养羊农民专业合作社、养殖大户和新发展的养牛、养羊贫困户的培训全覆盖，为发展牛羊产业提供人才保障。

2. 养蜂产业持续健康发展

（1）优化养蜂产业区域布局，建立中蜂养殖保护区

成县各乡镇以中蜂养殖为主，紧密结合精准扶贫，以蜜源植物丰富、有中蜂养殖传统的特困片区为重点区域，以扶持发展建档立卡贫困户为主，围绕开发土蜂蜜特色产品，通过组建专业合作社、推广规范化技术、强化加工营销、开展地理标志认定等措施，建成高效生态养蜂扶贫示范基地。在科学规划的基础上，将中蜂养殖重点区作为中蜂保护区，严格管控农药，永久保护蜜源，限制意蜂放养，保护中蜂种质资源。

（2）积极转变发展方式，促进产业转型升级

成县在提升土蜂蜜规范化生产技术，大力推广中蜂活框新法饲养等先进实用技术，全面提高养蜂业科技含量和生产水平基础上，广泛开展技术培训，培养懂技术、会经营的现代蜂农，做到培训一批，发展一批，见效一批，带动一批。大力发展适度规模养蜂户、养蜂合作社和蜂产品加工营销企业等新型经营主体，加快推进蜂产业规模化、产业化进程，加强与中国农科院蜜蜂研究所、甘肃省养蜂研究所的合作，共建共创示范基地，引导广大蜂农发展生态化、集约化、优质化的健康高效养蜂模式。

（3）构建加工营销体系，补齐产业发展短板

成县抓好龙头培育，引进和扶持发展蜂产品精深加工营销企业，支持、引导龙头企业建立生产基地，搞好蜂产品精深加工，延伸产业链条，提高效益，抓好专合组织建设，扶持发展养蜂合作社，组织分散的农户，引导中蜂养殖和销售等各个环节走上规模化、产业化发展道路。积极开展养蜂专业示范社创建，组建成县蜂业协会并发挥好作用。抓好品牌打造，突出成县特色，坚持以土制胜，鼓励龙头企业和专合组织开展特色蜂产品认证和地理标志认定，创建地方特色蜂产品和名优品牌，整合中蜂资源，着力打造中蜂品牌，形成拳头产品，提高蜂产品的知名度和市场竞争力。构建多元化销售网络，充分利用"互联网+"搭建销售平台，大力发展电子商务，搞好商标注册和产品包装，线上线下同步拓展销路，提高养蜂业的效益。

（4）加强蜜蜂疫病防控，强化产品质量监管

成县全面加强中蜂囊状幼虫病等危害严重病的防控，做好蜂场日常卫生和蜂群保健。农牧、食药监、质监、工商、物价等部门协作配合，规范蜜蜂检疫，加大生产、加工、包装、贮运等环节监管力度，积极引导加工企业开展 QS 认证，加强蜂用兽药管理，严厉查处制售假蜂蜜等违法行为，确保蜂产品质量安全。

（5）推进蜜蜂授粉增产示范，发展养蜂休闲文化产业

成县坚持蜂产品生产与农作物授粉相结合，有计划地建立一批蜜蜂授粉示范基地，特别要在实施农业反季节栽培中探索应用蜜蜂授粉技术，逐步提高授粉收入占养蜂总收入的比重，带动蜂蜜生产与蜜蜂授粉产业协同发展。深度挖掘养蜂业的多种功能，依托农村特色蜜源、传统养蜂、田园风光等资源，积极发展养蜂体验、租借代养、旅游观光、养生养老等，培育壮大休闲养蜂业，成为繁荣农村、富裕农民的新业态，充分发挥养蜂业的综合效益。

（三）提质增量，做大中药材产业

1. 建立合作社发展模式

成县县委、县政府通过建立合作社发展模式，做大中药材产业。组织引导中药材种植合作社初加工优势，在中药材产业重点乡镇，积极培育农业产业化联合体，推广"公司＋合作社＋贫困户"模式，贫困村建立药材种植专业合作社，以专业合作社为基础单元进行合作生产。引导贫困户利用土地、贴息贷款、互助资金、帮扶资金、自有资金、劳务等方式入股或加入合作社，由合作社统一组织生产经营，做大中药材产业。

2. 确保药源基地稳定

确保药源基地稳定，成县通过扶持农业龙头企业和专业合作社在川熟地集中繁种、育苗。建立桔根、苦参、柴胡、茯苓、天麻、金银花等优良种子种苗繁育基地。通过提高种子种苗质量和集约化繁供比例，确保药源基地稳定，产品安全优质。

3. 提高药材标准化

成县稳定大宗中药材品种种植规模，因地制宜，发展天麻、金银花等市场紧俏和资源稀缺品种。采取措施，有效解决品种、技术、管理等方面存在的问题，扩大标准化生产基地规模，提高药材标准化生产水平。

4. 提升储运营销水平

成县完善农产品产地初加工补助政策，提高中药材加工能力和水平。建设一批清洗、脱皮、烘干等初加工设施，同时规范加工技术，开展追溯体系建设。鼓励中药材初加工企业开展 GMP 认证，扩大生产规模，提升加工集中度和标准化水平。建设仓储营销与互联网深度融合的现代物流体系，扶持标准化储藏库建设，扩大标准化仓储规模，提升收储转运营销水平，增强市场竞争能力。

（四）多管齐下，做精果蔬产业

1. 果园改良升级

（1）推广现代模式果园，狠抓现有中低产果园和老化树的改良提升

成县积极发展矮化密植果园。推广现代果园管理模式和成套集成技术。大幅提高果园产量和产品质量。推行集约化经营，降低生产成本，提高经济效益。

（2）示范推广化肥农药减量增效技术，注重绿色发展

成县加大果园测土配方施肥、肥水一体化、绿肥种植、有机肥和沼渣沼肥等技术的示范推广力度，减少果园化肥施用量。全面推广病虫害绿色防控技术，降低化学农药使用量，提高果园综合生产能力和质量安全水平。

（3）提升保鲜贮藏能力，培育建设知名品牌

成县加大果品保鲜库建设，实现周年供应、均衡市场、稳定价格。培育果品知名品牌，实现品牌化销售，增加附加值。鼓励龙头企业在大中城市建设特色果品直营店。发展电子商务，鼓励在网上建设果品专营店和线下体验店，扩大销售。

（4）培育新型农业经营主体，建设农业产业化联合体

成县支持龙头企业和果品大户、合作社形成关联紧密、分工明确的农业产业化联合体，带动贫困户增收脱贫。鼓励龙头企业加大产品研发力度，开发多元化产品，提升质量水平。发展贮藏、清洗、消

毒、分级、包装等产地初加工，支持果汁、果醋、果酒、核桃乳、核桃油等现有果品加工企业提档升级，带动果品产业集聚发展。

2. 蔬菜规模化经营

（1）建设蔬菜集约化种苗繁育场

成县在蔬菜集约化种苗繁育中，发展以高标准日光温室育苗为载体的育苗模式，配套自动化精量播种机、遮阳降温、防寒保温、通风换气、水肥一体、育苗床架、催芽室、补光灯等设施设备和种苗运输车辆。在优先满足设施茄果类、瓜类蔬菜统一供苗的前提下，不断扩大甘蓝、花椰菜、西芹等露地蔬菜统一供苗范围，提升蔬菜育苗安全性和标准化水平，建设蔬菜集约化种苗繁育场。

（2）建设高原夏菜绿色高产高效生产基地

成县建成百亩以上高原夏菜绿色高产高效生产基地，在浅山丘陵区，按照蔬菜绿色高产高效创建"五化""六统一"的要求，努力打造核心种植示范区，通过土地流转，统一规划，农民专业合作社经营或企业建基地经营的方式，建设有一定规模的优质"高原夏菜"（冬早春露地蔬菜）绿色高产高效生产基地。重点扶持发展甘蓝、花椰菜、西芹、娃娃菜、胡萝卜、大葱、大蒜、大白菜、架豆等。

（3）建设高标准钢架大棚蔬菜规模化基地

成县在建成高标准钢架大棚蔬菜规模化基地过程中，重点发展高标准钢骨架多层覆盖塑料大棚，提升春提早和秋延后生产能力。新建塑料大棚小区全部采用全钢骨架搭建，推广多层覆盖栽培模式，进一步加快春提早和秋延后生产周期，全面提升防灾减灾能力。

（4）建设蔬菜贮藏保鲜及营销体系

在蔬菜贮藏保鲜及营销体系建设中，成县县委、县政府通过对主产乡镇组织能人大户成立农民专业合作社，引导贫困户加入农民专业合作社，发展产地初加工，按生产规模和商品化处理需求，配置相应的预冷设施、整理分级车间、冷藏库，以及清洗、分级、包装等设备，增强市场调剂能力。加强蔬菜冷藏、冷运、冷销等"冷链"建设；加大蔬菜保鲜库建设，实现周年供应、均衡市场、稳定价格。鼓励蔬菜农民专业合作社积极发展电子商务销售，推进农企对接、农超对接，发展订单农业，以销定产；积极与阿里巴巴、京东等知名电商企业联系对接，开展网上直销，减小市场风险，确保农户收入稳定。

（5）技术和培训

成县针对蔬菜种植户，采取现场参观、教学、实践等方式，大力推广适应贫困地区蔬菜产业的良种、良法、良品，示范推广轻简化建造和生产、有机肥替代化肥、病虫害绿色防控、水肥一体化等技术，为产业升级、产品优质提供科技支撑。积极开展农民技术骨干蔬菜种植技术培训，采取"走出去"方式，强化跟踪问效，不断提高培训效果和创业技能。

3. 食用菌产业化

成县科学规划布局，加快食用菌新技术的推广应用，在乡镇川坝区，重点发展平菇生产；在林区乡镇，重点发展黑木耳、香菇等食用菌，逐步建立生产、采收、销售为一体的产业链条。

4. 魔芋种源基地建设

成县支持种植大户、专业合作社和龙头企业开展优质种源基地建设，在乡镇大力发展魔芋种植，建成魔芋种芋繁育示范基地。建立健全县、乡、村三级技术推广服务体系，积极开展魔芋种植、加工、销售等技能培训，努力提高生产、加工技术水平。

（五）优化布局，做活油料产业

做好油料产业，稳定川坝区油菜、油牡丹种植面积，优化生产布局，引导西部易旱、浅山丘陵、高寒阴湿区扩大种植面积，突出油菜花、油牡丹的观赏性，大力发展油菜观光农业，进一步调整优化种植布局，提高油菜产业附加值。

1. 油菜标准化栽培

成县引导龙头企业建立稳定的原料基地，与农户建立紧密联结机制，深化产品开发，延长产业链条，提高产业竞争力。加大新品种的引育力度，推广油菜的标准化栽培技术，增加科技含量提高种植效益，开展油菜高产栽培技术和病虫害防治技术培训，实现全县双低油菜良种全覆盖，全面提升全县油菜综合生产能力，促进农业产业结构调整，增加农民群众收入。

2. 油用牡丹产业有机融合

成县坚持因地制宜划区域定规模，依托合作社、公司等在油用牡丹适宜区扩大种植面积，做到栽种一片，成活一片，带动一方。构建油牡丹产业与农业种植、观光、休闲、文化及深加工多个产业有机融合发展的格局。

依照"一主四辅"产业发展布局，根据不同产业、不同地域、不同内容、不同发展水平，制定完善成县产业发展规划，围绕"整县核桃全覆盖、川坝精品果蔬菜、林下土蜂中药材、两山环线旅游带、农村电商新业态"的思路，做优核桃主导产业，做强养殖、中药材、果蔬、油料等"四辅助"产业。

二、多主体参与脱贫攻坚产业发展

为推进脱贫攻坚进程，摘掉贫困县的帽子，成县大力实施产业发展模式创新，引导形成以党委政府为主导，新型市场主体带动和社会力量参与相结合的多部门、多主体产业发展格局。

成县在打赢脱贫摘帽战过程中，充分发挥党建引领作用，推行"党支部+"模式，形成"支部控股+群众参股+贫困户持股""党支部+合作社（协会）+贫困户""党支部+企业+贫困户"等脱贫致富机制，为发展集体经济探索出一条脱贫致富的新路子。各级政府部门健全机制，加强领导，压紧靠实工作责任。扶贫办制定脱贫攻坚实施方案，财政局负责涉农资金整合，发改局提出产业发展布局规划，林业局助力地区林果产业发展，农业农村局提出中药材产业、果皮产业、牛产业、蔬菜产业、羊产业的精准扶贫三年行动实施方案。

充分发挥新型市场主体组织优势，动员重点企业带头履行社会责任，积极开展参与"百企帮百村""千企帮千村"活动。探索"农户持股+县级联合社控股+企业入股+政府配股"的产业扶贫"成县模式"，发挥龙头企业、专业合作组织、致富能手的引领和带动作用，把贫困群众的利益联结起来，能够引导其通过土地流转，增加租金收入和务工收入。

动员社会力量积极参与产业扶贫。驻村帮扶队进行对口帮扶，把熟悉经济工作的干部选派到产业基础薄弱、集体经济脆弱的贫困村，帮助贫困村解决产业发展面临的困难。抢抓与青岛市城阳区的东西部扶贫协作机遇，推进经济结构调整，开展产业合作、劳务协作、人才支援协作，积极培育新兴产业。

（一）党委统筹，政府领导

1. 因地制宜发展，做好产业扶贫规划

成县结合当地实际，统筹兼顾资源优势、产业基础、市场需求、群众意愿等要素，选准贴合实际的脱贫致富产业，宜农则农、宜林则林、宜牧则牧，结合村情实际，按照"什么适合就种什么，什么增

收快就发展什么"的原则，重点引导群众发展核桃、中药材、烤烟、畜牧等农业扶贫主导产业和特色优势产业。优化完善产业布局，科学确定产业发展道路、重点和规模，提高产业发展的持续性、有效性和稳定性。

成县坚持依托资源禀赋，发掘环境优势，依据不同产业、不同地域、不同内容、不同发展水平，制定完善产业规划。大力培育特色产业，形成以核桃产业为主导，养殖、中药材、果蔬、油料产业为辅的"一主四辅"产业发展格局。结合县域地理分布，在公路主干道沿线及川坝区打造蔬菜示范带，在林区乡镇发展黑木耳、香菇等食用菌和魔芋种植。在全县适宜区发展精品鲜果栽植，多管齐下，夯实果蔬产业布局。带动全县经济的发展，为农民通过产业致富奠定基础。

驻村帮扶单位根据产业发展与当地环境现状，在尊重群众意愿的基础上，逐户对接发展重点，为未脱贫的建档立卡贫困户和巩固提升户量身制定了"一户一策"产业脱贫计划，并实现动态调整完善，扶持农业特色产业发展。对有发展能力的贫困户，通过提供技术服务等方式，培育增收产业。对自主发展产业的，实行以奖代补。对自我发展较弱的贫困户，协调引导其与龙头企业、专合组织等新型行业经营主体建立稳定的带贫机制，鼓励将到户扶持资金入股企业，参与分红。做到乡镇有产业规划，村村有主导产业，户户有增收项目，避免盲目规划和"一刀切"现象。

结合当地实际推出党支部+合作社"党社联建"产业发展模式，通过合作制、股份制、托管制和订单农业等多种产业利益联结方式，采取"产业基地+贫困村""产业园区+贫困村和家庭农场+贫困户""龙头企业+贫困户""农民专业合作社+贫困户""资金互助社+贫困户""电商+贫困户"等多种产业带贫模式，建立贫困户与市场主体共同发展的密切稳定利益联结机制，实现互利双赢，让贫困农户分享产业发展收益。

2. 加强组织领导，完善考核评估机制

加强统筹规划，强化行政推动。成立由县委分管领导任组长，人大、政府、政协分管领导任副组长，县直相关部门负责同志为成员的成县产业扶贫工作领导小组，做好产业培育、行业指导、资金落实和督促检查等相关产业发展工作。县脱贫攻坚领导小组发挥职能作用，加强统筹协调，研究解决产业发展所遇到的困难问题。发改局、财政局、农牧局、国土局、林业局、商务局等单位要加强协作配合，各乡镇要成立由乡镇主要领导任组长的产业扶贫领导小组，严格按照中央、省、市有关财政专项扶贫资金使用管理办法的要求，专款专用、专账管理，不得截留、挪用或随意扩大资金使用范围，共同促进富民产业发展。

各乡镇政府切实履行产业扶贫主体责任，实行县级领导包抓、县直部门牵头、乡镇负责组织、村组具体实施的产业扶贫工作分级责任制，明确工作职责。加强对产业发展、资金使用、产业成效等方面的督促落实和综合施策。

县、乡两级政府严格目标管理，落实工作任务，确保任务落到实处。将产业发展任务分解到年、精准到人的具体落实方案，对到户产业发展和年度到人脱贫计划、龙头企业引进培育合作社全覆盖、壮大村集体经济以及产销对接等关键工作任务，压实推进责任，加大问责问效力度。对贫困村富民产业扶贫数据进一步核实，重点核查贫困村主导产业培育情况、贫困村集体经济收入发展情况、贫困户特色种养殖业发展情况、贫困户特色产业脱贫一批情况、龙头企业带动贫困户增收情况、贫困户劳动力实用技术培训情况等内容，保证产业扶贫取得实实在在的成效，为全县富民产业脱贫工作打下了坚实的基础。

加大扶持任务落实力度，靠实责任，层层建立绩效考核机制。县督考办、脱贫攻坚领导小组办公室、扶贫局、发改局、财政局、监察局、审计局等有关成员单位要坚持问题导向，综合运用联合督查、行

业督查、第三方评估等方式，深入乡村和农户家中开展督促检查。落实贫困户产业扶贫政策措施的情况，及时发现工作中存在的薄弱环节和问题，定期督查、定期通报、限期整改。

3. 强化政策扶持，完善资金保障

成县坚持政府投入为导向、业主和农户投入为主体、其他投入为补充的多渠道资金投入机制，不断增加投资总量，全面夯实投资基础。

在财政扶持的基础上，搭建信贷支持平台，吸引社会资本、民间资本投入产业精准扶贫工作。落实招商引资优惠政策，对示范带动能力强的龙头企业优先安排项目、贷款贴息和奖补扶持，充分调动企业积极性。对于重点产业扶贫项目，进行政策倾斜和项目支持，创新财政投入和政策扶持力度，凝聚政府、市场、企业、群众多方合力，确保产业扶贫政策长效运行发展、稳定发挥作用。

全面落实党中央、省、市脱贫攻坚政策和工作要求，以政策支持、奖补扶持为推动，加大扶持脱贫富民产业，编制产业扶持项目。相关部门制定出台了《关于精准推进产业扶贫确保群众稳定脱贫坚决打赢脱贫攻坚战的实施意见》《成县产业扶贫"三带一扶"奖补办法（试行）》《成县加快中蜂产业持续健康发展的实施方案》《关于推进 2017 年度全县"一村一品"示范工程的实施意见》《关于进一步发展壮大村级集体经济的意见》等一系列产业扶持政策和奖励办法，专门用于贫困户、经营主体产业发展的奖补扶持，有效推动成县富民产业的发展壮大。

县财政局会同县扶贫办，统筹整合各级各类财政扶贫专项和涉农产业项目有效资金，根据县脱贫攻坚规划，科学编制年度产业扶持资金统筹整合使用方案，专门用于建档立卡贫困户产业培育和村集体经济积累壮大，并逐年增加特色产业培育资金，提供农业保险补贴和精准扶贫专项贷款贴息，多措并举，支持贫困户发展产业。建立不少于

500万元的产业扶持基金，对吸收贫困户参股、带动增收效果好的市场经营主体，如企业、专业合作社、家庭农场等，采取以奖代补、融资担保、财政贴息等方式给予支持。根据《甘肃省产业扶贫专项贷款工程实施意见》安排，积极主动与承贷银行对接，用好用活产业扶贫专项贷款，大力支持产业园区、电子商务、农产品精深加工等新业态发展，推进产业扶贫工作深入开展，构建农村富民产业体系，保障农民持续稳定增收。各乡镇要成立由乡镇主要领导任组长的产业扶贫领导小组，确定专人，严格按照中央、省、市有关财政专项扶贫资金使用管理办法的要求，专款专用、专账管理，不得截留、挪用或扩大资金使用范围，共同促进富民产业发展。

4. 扶持市场主体，扩大产品营销

市场主体在精准扶贫中作用显著，是社会财富的主要创造者，是提供就业机会、推动经济发展的基本力量。通过市场主体可以将贫困对象纳入市场体系、建立产业精准扶贫长效机制，形成全社会关心农民、全社会消费贫困地区农产品的良好氛围，通过产业带动贫困户脱贫。

成县坚持市场导向，壮大经营主体"主力军"，扶持并引导各类主体多渠道带动贫困户增收，驱动脱贫的"强力引擎"。加快龙头企业、农民专业合作社、家庭农场和种养殖大户等新型农业经营主体培育。鼓励致富能手、产业大户、返乡农民工、大学生、退伍军人等兴办创办企业，发力培育和壮大新型经营主体。鼓励扶持农业源头地企业、村级组织和能人大户围绕特色农业产业，带头创办领办经济实体。支持和引导农民合作社以产品和产业为纽带组建联合社，推动农民合作社实现由数量扩展向质量提升转变。支持龙头企业加强联合、加大品牌建设，提高自主创新能力，鼓励其与合作社、家庭农场、专业大户等经营主体深入融合，创新农业产业经营方式，提高农业规模化、产业化、市场化发展水平。

健全市场营销网络，完善农产品流通体系和配套服务体系建设，加快县、乡、村物流体系建设，完善仓储物流设施，实现有需求的贫困村果蔬保鲜库或冷藏车全覆盖。夯实产销对接基础，培育壮大农产品产地专业批发市场，加快农产品产销对接，大力开展集交易场地、冷链物流、储藏加工、信息服务为一体的现代农产品产地批发市场建设力度。依托省农业扶贫产业产销协会，牵头组织贫困县农产品营销企业做好与青岛对口扶贫地区市场、成渝等周边区域大市场和中心市场、本省产地销地市场的对接，积极扩大贫困地区农产品销售范围和销售渠道。鼓励与引导贫困村种养和经销大户、家庭农场开展农产品参与电商产业，加快发展电子商务，形成"互联网+农产品"的新型产销对接方式，实施"互联网+农产品出村"工程，积极扩大贫困地区农产品销售范围和销售渠道。

5. 强化科技支持，加快新品种新技术推广

科技是第一生产力，要推进现代农业建设，只有加快农业科技创新，为贫困地区农业提供科技支持，在贫困地区推广新产品新技术，对于产业发展带动脱贫，促进经济发展，具有重要意义。

成县以科技为支撑，提高农业科技化产业化水平，推进农业科技体系建设。加强产学研结合，充分发挥省内农业科研院所和当地陇南师专农林学院的科技优势，开展技术合作，促进现有科技成果转化利用和先进实用技术推广，全力打造农产品创新人才培养基地和产业技术团队，攻克产业发展的技术难关。推进良种引进、繁育和推广体系建设，实施"农业科技入户工程"，做好技术示范项目的指导服务工作。建立农业科技网络服务系统，完善栏目设置，加强群众与农业专家互动，为群众提供农业科技及农产品交易等各类信息。

强化农业科技服务和科技成果转化，加快新技术新品种引进和示范推广，努力提高农产品的科技含量和竞争力，重视技术的组装配套和集成，提高农产品单产和质量。不断优化改进技术培训方式，提高

实用技术培训的针对性和实效性，联合科技、林业等部门，在全县102 个贫困村，每村选派 1 名技术人员，围绕核桃树综合管理、蔬菜栽培、畜禽标准化养殖、旱作农业技术、动植物防疫防控、食用菌袋料栽培、测土配方施肥、病虫害防治、间套复种栽培等开展农业生产实用技术推广，建立培训档案。按照植物生长周期和生产需求，定时开展苗木繁育管理、病虫害防控、商品化处理、贮藏运输等方面的技术培训，组织农技、农机、畜牧、农广校、蚕桑等农牧基层单位采用集中办班培训、深入田间地头实地示范指导等多种形式，在全县大力开展农业实用技术培训。确保每个贫困户有 1 名懂技术、会管理的技术能手，提升"土专家""田秀才""农创客"等实用性人才队伍科技素质。

6. 深化产业改革，激发产业活力

坚持深化改革，持续激发创新活力，挖掘产业发展潜能。

深入推进农村集体产权股份权改革，全面完成农村土地确权登记颁证工作，进一步完善农村产权交易平台，深化推进农村产权抵押贷款。盘活农村"三资"，即资源、资产和资金，激活农民"三权"，即土地承包经营权、住房财产权和集体收益分配权，鼓励贫困村、贫困户的土地流转规范化，引导贫困户以土地承包经营权、生产资料、农业设施等参股到新型经营主体或产业扶贫项目，按照"量化到户、股份合作、保底分红、滚动发展"的方式，抱团入股参与经营决策，最大限度释放贫困村和贫困户的资产潜能。探索农村集体经济有效实现形式，创新农民财产性收入增长机制，选取基础条件较好的农村试点开展"三变"改革尝试，即资源变资产、资金变股金、农民变股东试点工作。

不断创新农业经营体系，发展壮大农业专业合作组织，培育和引进一批规模大、效益高、带动力强的农业龙头企业，促进农产品精深加工，延伸农业产业链条，提高农产品附加值。推广"龙头企业+服

务组织+农户""龙头企业+基地+农户"的产业化经营模式，促进逐步形成产供销、贸工农一体化的特色农产品加工经营模式和企业集群。

壮大农业特色产业。着力推进农业供给侧结构性改革，深入实施农业特色产业提质增效工程。继续开展"特色产业提质增效"工程，大力发展核桃、油用牡丹、蜂蜜、草畜养殖、蔬菜和食用菌、中药材、烤烟、精品鲜果等八大优势特色产业，着力稳粮、优经、扩饲，要把核桃产业作为首位产业，积极引进核桃等农产品深加工大型企业集团，打造全国核桃"四化"示范县。大力推广林下立体经济模式，重点推广栽培油用牡丹，利用南北二山自然条件发展蜂蜜产业；组织开展农民技能培训，把农民培训成合格产业工人，创建技术型劳务团队和品牌，增加劳务组织输转规模。

（二）多部门帮扶，促进产业扶贫

1. 财政局：资金产业扶贫

成县近年来产业扶贫资金逐年上升，由 2011 年的 389 万元上升至 2018 年的 6909.29 万元。

成县近年来在产业资金的布局和决策中，主要做了以下几方面的工作：

（1）资金支持产业转型，加大产业财源建设

成县财政局着力发展本地农业特色产业。一是对产业化经营项目进行监管，建设农业产业化示范园区。二是提高涉农信贷投放，支持农业发展。发放补助资金给满足申报县域金融机构涉农贷款增量奖励资金的企业和组织。

在财源建设方面，县财政局一是在提高对核桃、中药材、养殖、蔬菜等特色优势产业的财政投入的同时，扶持龙头企业和产业

大户来扩宽收入渠道。二是进行工业经济运行分析和指导服务，来提升产量和销量，稳定骨干产业财源，培育后续产业财源。三是发展包含电商、旅游、物流和服务等第三产业，扩展就业渠道，增加税收。

（2）解决产业结构单一，培育富民特色产业

县财政局针对帮扶村致富产业结构单一、群众增收困难的现实，为贫困户发放鸡苗、猪崽、中蜂养殖箱；发放中药材种子、花椒苗。同时筹措村级集体经济扶持资金，支持村上发展香菇种植和冷水鱼养殖产业。同时，财政局牵线搭桥引进特殊产业及龙头专业合作社，为农民增收。一是继续筹措村集体经济资金，建设并投入运行了香菇大棚、冷水鱼养殖垂钓池项目。二是整合有效资金，根据贫困村的村情合理调配资金使用，调整第一书记工作经费用途。三是引进益民种植专业合作社，建设田园综合体项目。发展多种种植业、养殖业项目，促进就业，带动当地经济发展。

（3）整合产业扶持资金，创新财政投入方式

成县产业扶贫历程中，贫困地区产业发展慢、基础条件差、投入需要大量资金。成县县委、县政府整合资金，成县人民政府办公室印发了《关于印发财政专项扶贫资金县级项目库建设管理暂行办法的通知》，将资金投入包含富民产业培育项目在内的重点项目。同时，因地制宜使用财政资金，成县人民政府办公室印发了《关于印发成县财政专项扶贫资金使用管理实施细则的通知》，资金使用围绕培育和壮大马铃薯、林果、中药材、蔬菜、草畜、乡村旅游等特色优势产业，支持贫困户发展种植业、养殖业、设施农业；推广优良品种和先进农业实用技术等的富民产业培育项目。

2. 发改局：现代产业扶贫

成县发改局为了深入实施"产业现代化"的发展战略，聚焦精准扶贫精准脱贫，依托现有的产业基础和资源，对农业、工业和现代

服务业都作出了规划和落实。

（1）大力发展现代农业产业

一是发展优势特色产业。成县以特色农业产业为依托，大力发展现代农业。坚持把挖掘特色优势、打造特色品牌、健全产业链条、农业提质增效作为农业产业化的"着力点"。将成县的核桃、草畜、蔬菜、中药材、鲜果等重点特色产业作为基础，推进农业现代化的发展。二是提高农业产业化水平。成县推进农业标准化、规模化发展经营，鼓励发展多种现代化农业创新模式，提高农民组织化程度，扶持一批有影响力的品牌农产品和重点企业。三是健全农业服务体系。成县推进产学研结合，实施"农业科技入户工程"，建立农业科技网络服务系统。健全农村市场体系、农村合作经济组织、农产品质量安全体系，强化农业资金支持。

（2）推进工业产业做大做强

成县以市场需求为导向，优化营商环境，以优势资源为依托，推进工业产业的发展。一是改造提升有色金属产业、新型建材业、农产品加工业等主导产业。促进延伸产业链，提高资源利用率，提高工业增加值，培育示范园区，壮大发展规模，发展有力量的品牌，扩大市场占有率。二是培育发展新兴产业。发挥本地资源优势，加强区域间合作，培育发展装备制造、黑色金属、清洁能源、中药材加工、油用牡丹加工等新兴产业。

（3）提升现代服务产业活力

成县按照"壮大总量、拉开空间、提升层次、拓展能级"的要求，以调整结构、扩大供给、增加就业、增强竞争力为主线，加快电子商务、现代物流业、现代商贸业、文化产业、旅游业、金融业、社区服务业等服务业发展。把电子商务放在重点突出位置，健全电商服务体系、网货供应监管体系、网络物流体系、相关人才培训体系，同时加强支付、诚信、安全等体系的建设。培育电商主体，提高网店规模和质量，扶持和宣传网络品牌，建设电子商务示范镇（村）；在现代物流业方面，建设一批专业的物流园区，建设成县物流公共信息平台，解决物流配送"最后一公里"问题；在现代商贸业方面，加强商贸流通业管理，完善基础设施，提高服务能力，积极构建布局合理、网络完善、管理科学的商贸体系；在文化产业发展方面，构建文化产业体系，建设文化产业园、扶持重点文化企业；在旅游业方面，推进生态文化旅游景区、文化旅游景区、红色旅游景区、乡村休闲旅游景区等建设，提高旅游服务能力和加强旅游产品、旅游路线开发。

3. 林业局：生态产业扶贫

成县林业局以发展"生态林业、民生林业"为总体要求，围绕打造"生态成县、核桃强县"的目标，进行生态产业扶贫工作，目的在于支持贫困地区发展林果产业，帮助贫困户增收脱贫。结合成县主导产业发展、自然条件和农户意愿，依托林业项目实施帮助农户发展经济林脱贫致富产业，增加林业生态建设务工收入。

（1）在统筹力量上精准发力

成县坚持把林业生态扶贫作为一号工程，紧盯"一户一策"扶贫计划落实，研究制定年度落实计划，列出任务清单，建立责任落实机制。全面整合聚集项目、技术、人力、资金等林业资源，形成"拳头"效益，弥补短板实施项目，从严管理资金，重点向贫困村和贫困户精准落实，切实让贫困人口在林业建设中充分享受政策、稳定增收。

（2）在落实政策上精准发力

作为普惠性质的林业惠农政策，成县严格按照规定的资金管理兑付流程，坚持"核实对象、精准到户、足额兑付"的原则，县财政国库统一划拨，及时拨付乡镇兑现，均通过"一折通"形式落实到户。

（3）在生态护林上精准发力

成县坚持精准落地、精准到户、突出重点、公平公正的原则，一是落实工作责任。成立了财政局、扶贫办、林业局主要负责人任组长的生态护林员选聘工作协调领导小组，督促指导各乡镇组建党政一把手、包村领导、驻村干部、村两委、帮扶工作队组成的选聘工作组，全面负责选聘工作。二是科学制定方案。制定印发了《成县建档立卡贫困人口生态护林员选聘实施方案》和《成县建档立卡贫困人口生态护林员选聘办法》。三是严格选聘程序。严格按照发布公告、申报、审核、考察、评定、公示、聘用的程序，公开选聘身体健康、遵纪守法、责任心强、能胜任野外巡护工作的建档立卡贫困人口转化为生态护林员。四是及时兑现资金。建立了"县建、乡聘、站管、村用"的管理机制，按照每人每年8000元的标准，采取财政一次核拨、乡镇按月发放的方式，及时拨付生态护林员工资。护林员履职正常，实现了贫困人口增收入、森林资源受保护的目标。

（4）在项目落实上精准发力

在符合政策规定前提下，成县坚持林业项目将贫困村作为重点实施区域，将贫困户列为重点受益对象，结合成县主导产业发展、自然条件和农户意愿，依托林业项目实施帮助农户发展经济林脱贫致富产业，增加林业生态建设务工收入。做到了林业项目与扶贫工作紧密结合，贫困群众受益，发挥好项目助推林业扶贫作用。

（5）在产业发展上精准发力

针对经济林遭受严重低温霜冻害，经济林减产群众减收的实际，成县坚持把巩固发展成果、增强树势夯实次年丰产增收基础为主攻方向，组织林业技术人员，在扶贫产业发展一线，多形式多层次开展实用技术培训，指导乡镇和农户常态化开展经济林综合管理工作。并以全县示范园和核桃林带为重点，紧抓有利时机，利用财政整合资金实施核桃树病虫害防治示范项目，请林业专业技术人员对全县贫困村的核桃树进行整形修剪，进行核桃树综合管理技术培训，做到了应管尽管、应防尽防，进一步夯实群众产业致富的基础。

（6）在推进造林绿化工作上精准发力

按照各项造林绿化工作任务，林业局提早谋划筹备，精心组织实施，全力推进造林绿化工作。在贫困村实施人工造林项目、森林抚育项目、造林补贴项目等；完成绿色通道建设，并对前期完成的通村公路绿化进行了补植补造；组织全县干部职工，采取义务植树的方式，重点对一些公路行道树全面进行补植和管护；全力推进造林绿化示范点建设，提升生态园区绿化美化效果。

4. 商务局：电商产业扶贫

成县商务局将电子商务产业发展，作为深化农业供给侧结构性改革的重要途径，实施乡村振兴战略的重要抓手和助推脱贫攻坚的重要举措。重点在传统企业转型、电商团队打造、市场主体壮大、精品网货研发、电商人才孵化、电商品牌建设等方面实现新突破，不断巩固和夯实电商发展基础，推动全县电商工作助力产业发展。

（1）做优产业发展，推进传统转型

一是鼓励成县内传统的农产品生产加工企业和合作社，通过内部培育、外部聘请的方式打造一支有电子商务运营实战经验的人才队伍，组建专业的电商团队，成立专门的电商营销部门，开展电商品牌策划、线上营销推广等。二是鼓励本地企业投资建设新产品生产线和加工基地，降低成本，提高效率。三是鼓励和引导企业积极"走出去"开拓新市场，进一步拓宽销售渠道。

（2）突出产业支撑，培育精品网货

围绕打造精品网货，成县集中县内丰富的核桃、土蜂蜜、大樱桃、大蒜、土鸡、手工挂面等农特产品资源，初步形成了一主导（核桃）、六区域（中药材、养殖、蔬菜、鲜果、烤烟、蚕桑）的特色产业体系。扶持建成中药材、核桃、土蜂蜜、魔芋、酸菜、果酒等网货生产加工线，研发出以成县核桃、手工挂面、桔梗、果酒系列、花茶系列等特色网货产品，实现了初级农产品到精品网货的转变。依托电商企业，建成网货供应平台。陆续开通了"陇小南特产商城"和"陇小南特产供货中心"线上平台，形成集农产品储存、分拣、配货、送货及信息处理于一体的区域性网货供应链和综合服务中心，解决中小网商、微商在发展过程中有店无货的难题。成县的电商扶贫在脱贫攻坚中的"衣领"作用逐步显现，区域电商发展命运共同体初步形成。

（3）打通带贫渠道，产业带贫发力

成县商务局在发展电子商务助力精准扶贫、精准脱贫的过程中，逐步探索出了六条电商带贫渠道。分别是网店带贫、平台带贫、就业带贫、信息带贫、入股带贫和产业带贫。产业带贫即立足于成县已有的资源优势，大力发展特色农业、工业、现代服务业，鼓励农村的致富带头人、产业大户带领本村贫困群众发展产业实现增收；结合农村"三变"改革，探索推广"公司+合作社（基地）+贫困户"等灵活多样的产业扶贫模式，建立与贫困群众的多点利益连接联结机制，实现产业发展、群众增收的双赢目标。

三、创新发展多元产业带贫模式

多元产业带贫，是成县产业协同发展的特色体现。产业体系是经济体系的核心，多元产业体系能够从利益机制完善、资源整合、协调发展、相互促进等方面促成经济体系的发展。成县坚持把产业扶贫作为脱贫攻坚的根本之策，探索多渠道、多元化产业扶贫模式，从产业到户、配股分红、注资扶持、就近设岗四个方面的带贫模式，实现了对贫困户和贫困村产业扶贫的全面覆盖，为全县脱贫摘帽把握了航向。

（一）发展一二三产业，实现产业到户

1. 培育高收益种养产业

成县县委、县政府根据不同乡镇的气候特点、资源禀赋，突出地域优势，兼备短、中、长产业布局方式，按照"一主二辅"或"一主多辅"的规划思路，紧盯贫困村、贫困人口，做到精准识别、精准分类、精准施策，因地制宜地选择效益高、推广快、覆盖面广、市场前景好的优势产业，培植"一乡一业，一村一品"的产业格局。

（1）因地制宜发展高收益种植业

成县按照产业布局，重点扶持贫困户发展核桃、花椒、中药材、食用菌等效益明显、收益稳定的中长期产业；支持设施蔬菜、中药材GAP标准化生产等现代农业生产模式，支持经济林果间作套种马铃薯、高山油菜，开展马铃薯脱毒种薯推广、羊肚菌种植基地建设，兼顾中短期效益。通过技术推广与培训，激发贫困户参与产业发展的热情，确保每个贫困家庭至少有一人掌握农业生产实用技术，有项增收产业，逐步实现不同产业适宜区产业种类对贫困村、贫困户的全覆盖，促进农业的持续健康稳定发展。

（2）就地取材培养循环养殖业

一是结合各乡镇各村各户的资源禀赋，严格遵循现已划定的禁养区范围，坚持"宜林则林、宜牧则牧""注重生态、持续发展"的原则，充分利用畜牧全产业链建设、粮改饲、畜牧良种补贴等政策，重点扶持发展肉牛、肉羊、生猪、散养鸡、中蜂等传统养殖业。二是积极推进"粮改饲"试点，推广小麦秸秆饲料化贮存技术，扩大饲用玉米、紫花苜蓿等优质饲草种植面积，推动形成结构合理、优势互补、多元化的饲草料生产供给体系。三是支持畜牧业发展适宜乡村的贫困户圈舍设施改造，采用"合作社+贫困户""合作社+产业协

会+贫困户"等模式，由专业合作社提供技术支持和产品销售支持，发展扶持到户的分散养殖。

近些年来，成县在国家政策和科技的推动下，培育高收益的种养产业，有效地带动贫困户广泛参与产业发展各个环节生产经营活动，着力提升特色产业的组织化、规模化水平，拓宽贫困群众稳定增收渠道，提高贫困人口收益水平，稳定增加贫困户家庭经营性收入，实现了发展特色产业脱贫一批的目标。

2. 发展优势"五小产业"

成县按照发展农业产业化经营的要求，结合实际，以农民增收为目的，立足本地资源，突出抓好小而精、短平快的小庭院、小家禽、小买卖、小作坊、小手工等"五小"产业发展，有力地推进了农业产业结构的调整，多渠道增加贫困户的收入。

（1）发挥区位优势，发展"小庭院"

利用贫困村和贫困户空闲场地、庭院和棚舍等，发展蔬果、草莓、中药材、食用菌及花卉苗木、园艺盆景等庭院经济。

（2）因地制宜，发展"小家禽"

利用贫困户闲置房屋和空闲场地养殖鸡鸭、中蜂等，住在林缘地区的贫困户在林下围网散养鸡鸭等，支持有条件的贫困村新改或者扩建池塘养殖水产品。

（3）加强流通服务，发展"小买卖"

针对那些有条件的贫困户，支持他们开设小超市、小卖部、小菜摊等，开办网店帮助周边农户销售农特产品、购买生产生活用品。

（4）拓宽经营渠道，发展"小手工"

利用贫困村已有扶贫车间和空闲场地及贫困户闲置房屋，加工一些草编、刺绣、缝纫、剪纸、泥娃娃等手工艺品。

（5）支持有条件的贫困，发展"小作坊"

支持有条件的贫困户建立小作坊，进行农产品包括面粉、食用油等，食品包括馒头、面条、凉皮、豆腐等作坊加工。

3. 持续新模式电商产业

（1）探索"陇南电商新模式"

近年来，成县立足农产品"卖难"、群众增收幅度小的"瓶颈"制约，以核桃等农产品网上销售为突破口，把农产品电子商务作为农民收入切入点，依托产业优势，注重市场运作，强化行政推动，围绕"实现电子商务集中突破"，加快推进电商孵化园、物流园和农产品交易中心建设，实施阿里巴巴"千县万村"计划、运营淘宝网特色中国陇南馆，逐渐探索出一条整合资源自建服务平台、延伸产业链条提升品牌、借力外援合作的电商扶贫道路。积极推进电商与精准扶贫深度融合，构建县城电商生态系统，打通网店、平台、就业、信息四条电商带贫渠道。电子商务在促进农民扶贫增收方面的作用已经逐步显现。

成县深入推进电商扶贫行动，改造提升县乡村三级电商扶贫服务体系，支持网货开发、网店发展和品牌打造，培育一批电商扶贫示范网店和龙头企业。争取国家电子商务农村综合示范项目，促进线上线下融合发展，延伸电商产业链条，带动更多贫困户利用电商就业增收致富。开展"电商扶贫结对帮扶"活动，鼓励优秀网店、电商企业与贫困户建立定向帮扶关系，促进贫困户持续增收，实现电商扶贫服务功能全覆盖、电商扶贫人才全覆盖。

（2）强化"互联网+"思维

强化互联网思维，在电子商务发展上开启新局面。成县按照"研发网货产品、抱团发展网店、配套快递物流、健全网销链条、打造电商园区"的基本思路，全面提升成县电子商务运营水平。全力抓好阿里巴巴集团"千县万村"计划西北首个试点县建设，在项目实施方面做好支持服务，努力打造阿里巴巴西北农村淘宝的"成县样板"。紧盯陇南市被国家扶贫办列为首批"电商扶贫试点市"的机遇，多措并举，让更多的农村群众共享电子商务致富机会，在扶贫攻坚上作出新贡献。积极扶持网货产品研发，立足成县、面向全市，开发一批优质农产品网货，构建起供应平台。进一步整合部门资源，制定农产品生产标准和包装标准。切实加快"两园一中心"建设，引导网店、供货商、快递企业入驻园区，努力打造品牌效应、物流配送、网店营销、新媒体推介"四位一体"的产业园区。积极承接大数据时代，全面推进"宽带网络全覆盖工程"，争取多方支持，加快移动通信、互联网宽带基础设施建设步伐，早日实现城乡宽带网络全覆盖。全面推进"快递网点覆盖工程"，引导县内现有物流企业转型拓展电子商务物流配送服务，在县城培育一批物流园区，在乡镇建立服务门店，在村级设立服务网点，逐步形成"县城有中心、乡镇有门店、村社有网点"的物流快递服务格局。扶持培育一批乡村电子商务示范企业和示范网店，力争把成县建设成全市的网货供应中心、人才技术中心、物流集散中心。

成县把电商扶贫作为整合放大扶贫力量的重要平台，全方位构建行政推进、基础保障、产业支撑、平台服务、宣传推广"五位一体"的电商扶贫系统，不断深化和完善网店、平台、就业、信息、入股、产业六条增收渠道，把贫困村和贫困户嵌入电商全产业链，打造了电商扶贫"成县模式"，在电商消贫带贫方面取得了明显成效。

4. 开发多形式旅游产业

成县大力实施乡村旅游富民工程，加强乡村旅游精品示范村建设，结合"田园综合体"开发和建设，着力发展全域乡村旅游。倾斜扶持有条件的贫困村发展乡村旅游，扶持建设一批不同模式、各具特色的旅游示范村。结合农村"三变"改革，大力发展乡村旅游专业合作组织，创新农家乐发展方式。坚持把发展旅游与挖掘文化、培育产业、宣传成县等有机融合，努力形成品牌效应，吸引更多游客，进一步提高乡村旅游综合收入。支持鸡峰镇等 11 个乡镇景区建设，带动周边 62 个建档立卡贫困村发展乡村旅游，扶持 160 户建档立卡贫困户开办农家乐，带动贫困群众创业就业。申报全省全域旅游示范区相关创建工作，加快推进旅游产品开发，不断提升服务质量和水平，促进全县旅游业上台阶。

（1）持续推进文化旅游扶贫

成县继续加大南北特困片区百公里自驾游环线建设，进一步完善沿环线旅游基础服务设施。对已建成的乡村旅游示范村进行规范管理，提升服务质量。继续鼓励扶持开办农家乐、农家客栈，加大对农家乐、农家客栈的管理创新和奖励扶持。促进涉旅酒店，农家乐、农家客栈对贫困村劳务用工、采购农家特产品等方式，增加旅游从业人员，不断增加贫困村农民收入。

一是文化旅游景区建设。紧密围绕生态、文化及乡村休闲主题，运用市场化机制，加大景区建设，努力打造以江武公路为主轴，城区为中心，西狭、鸡峰山、杜公祠等三大景区为重点，辐射东、北两翼的"一城三点两线"旅游空间格局。抢抓华夏文明传承创新和文化旅游大县建设机遇，围绕特色人文资源，重点加快西狭颂中华书法园大景区建设，大力推进县城和杜公祠、泰山庙、大云寺及吴挺碑等主要景区建设。

二是红色旅游景区建设。重点围绕弘扬红色文化"3333"工程的基本思路，依托五龙山革命烈士纪念碑、刘伯承和汪荣华结婚（旧址）以及红二方面军休整地，建设重走红军革命道路，追忆革命先烈的三条精品旅游线路：县城—五龙山烈士纪念碑；县城—刘伯承和汪荣华结婚旧址；县城—红二方方面军休整地（红川镇）。将红色人文景观和绿色自然景观结合起来，把爱国主义教育与促进旅游产业发展结合起来，使红色旅游成为新兴主题旅游区。

三是乡村休闲旅游景区建设。做好"千年古县"文章，保护古县古镇古村，开发建设旅游名城名镇名村。推进特色文化旅游小镇建设，按照西狭文化古镇规划把小川打造成 3A—4A 级的乡村休闲旅游景区。提升打造一批休闲旅游乡村，进一步充实完善和深层次开发城关、抛沙、鸡峰、红川、王磨、二郎等中部、东南部乡村休闲旅游游览区。

（2）紧抓"互联网+"机遇

成县推进串联各景区的交通设施建设，加强成县旅游咨询服务中心和陇南市旅游集散中心建设，加大停车场、宾馆、加油站、旅游厕所等景区服务配套设施建设。加快成县旅游的"吃住行游购娱"等要素资源建设力度，把握"互联网+"机遇，充分利用信息化技术对以上要素资源进行有效整合，在旅游体验、行业管理、智能景区、电子商务等方面广泛应用云计算、物联网等技术，努力为游客提供方便快捷的旅游服务。

（3）加强旅游产品、路线开发

成县全面提高经营管理水平，不断优化原有产品，及时开发和推出新产品。积极发挥丰富优美的生态资源优势，大力发展休闲观光及养老健康产业。加快培育自驾、低空、户外、徒步等新型旅游业态，积极探索利用飞机、索道、热气球等新型工具开展旅游观光活动。强化旅游产品的体验性、参与性、娱乐性、养生性、康体性功能，充分满足游客的个性化、多样休闲旅游需求。充分利用新开通的十天、成武高速以及即将建成的陇南成州机场，加强与周边省份合作，探索开通跨省旅游专线。着力构筑与周边县市联网的"大旅游"发展体系，打造麦积山—九寨沟旅游线路上的黄金节点。

（4）推动旅游与三产实现新跨越

成县坚持规划和建设并重，积极对接华夏文明传承，创新陇南文化历史基地建设规划，推进成县"一带、三区、十三板块"规划编制工作，切实加强鸡峰山、西狭颂、杜少陵祠等重点景区基础设施建设，强化吴挺陵园规划管理，加大古村落、古民居、大树木的保护工作，大力培育和发展乡村旅游。进一步创新落实措施，健全考评机制，加强新媒体应用，全面构建"智慧旅游"网络平台。积极扶持发展文化产业，抓好西狭颂中华书法园等重点文化旅游项目，筹办第二届西狭颂全国书法大展。组织开展"省外媒体看成县""知名博主成县行"等主题宣传活动。积极发展销售代理、物流配送、连锁经营、物资仓储等商贸流通业，逐步建立以城镇为中心的商贸流通体系，着力推进第三产业实现新跨越。坚持加强生态环境建设，扎实推进城乡环境整治，着力提高城乡生态和环境质量。

（二）入股企业合作社，实现配股分红

成县围绕弱项差距，探索村集体经济发展新模式。制定出台《关于进一步发展壮大村集体经济的意见》，细化目标任务，提出多种模式的村集体经济培育渠道，推动村集体经济规模化、组织化、市场化发展。开展资源变资产、资金变股金、农民变股东的"三变"改革试点工作，让群众参与投资经营、参与产业发展、参股分红。并结合农村"三变"改革探索形成了"三变+旅游扶贫""三变+生态休闲观光业""三变+中药材产业扶贫""三变+特色产业+生态旅游"等多种发展模式。

1. 入股企业合作社，保底分红

由农办牵头，农牧、扶贫、财政、国土、住建、税务、审计等多部门联动，在全国范围内通过业绩考察、抵押评估、风险分析，安排资金入股到龙头企业、农民专业合作社，与其签订结对带贫协议，为贫困户按照不低于10%的比例保底分红，确保稳定增收。配股分红，以"股"生财。

例如红川酒业入股带贫实施方案。先经过村民代表大会民主推荐配股农户，配股农户自主选择带贫企业，由配股农户委托村委会代理入股，村委会委托乡镇政府代理入股，乡镇委托中共成县县委农村工作办公室，将配股资金入股到配股农户自主选择确定的国有

企业甘肃红川酒业有限责任公司。配股农户每年按入股资金的 10%进行分红，带贫期限暂定三年，三年后配股农户稳定脱贫，收入高于全村平均值时，配股资金收回村委会由村民代表大会再次讨论用于低收入贫困户的长效产业配股分红，如果收入低于全村平均值时，继续保留该户的配股资金，继续享受分红。此方案的产业培育联结方式如下：

（1）实施订单农业。按照贫困群众产业发展需求，带贫企业委托专业合作社与贫困村签订农业订单协议，向贫困户提供优质小麦、高粱种子，以村为单位种植，培育甘肃红川酒业有限责任公司原料作物，高于市场价 5% 收购。

（2）设立"扶贫岗位"。鼓励有劳动能力的入股贫困户在甘肃红川酒业有限责任公司务工，经过技术培训，考试合格的签订务工合同。

2. 培育龙头产业，联结生财

壮大经营主体"主力军"，驱动脱贫的"强力引擎"。成县通过支持龙头企业做大做强，积极引进带动带领强的龙头企业，鼓励致富能手、产业大户、返乡农民工、大学生、退伍军人等兴办创办企业等行之有效的方式，发力培育和壮大新型主体经济，充分发挥龙头企业在产业发展、脱贫攻坚中的引领带动作用。坚持"抓产业必须抓龙头企业和合作社、扶持龙头企业和合作社就是扶持产业发展"理念，发力培育和壮大新型经营主体，积极探索利益联结机制，带动贫困群众全面参与。在扶持培育农业经营主体的同时，通过带贫分红，实现了村级集体经济不断壮大和贫困群众短期内增收的综合效应。

对自我发展能力较弱的贫困户，协调引导其与农业龙头企业、专合组织等新型农业经营主体建立有效带贫机制，积极探索合同订单、保底收购、季节性用工、土地流转、收益分成等利益联结机制，将新型农业经营主体带动农户数量和收益分成等利益联结机制，将新型农业经营主体带动农户数量和成效作为相关财政支农资金和项目审批、验收的重要参考依据，既帮助新型农业经营主体提升竞争力，又增强其带动农户发展能力，让更多农户分享政策红利。

（三）投资集体经济产业，实现集体生财

1. 资金拉动，推进项目实现新突破

成县紧抓实施"3341"项目机遇，坚持争取国家投资、招商引资和激活民间资本并举，全力抓好项目建设。紧盯国家、省投资导向和产业政策，积极谋划储备项目，特别是结合编制"十三五"规划谋划好项目工作，紧抓全省建设国家循环经济示范区机遇，想方设法争取项目、争取更多投资。全力配合支持十天高速、成州机场等省列重大项目。集中精力抓好厂坝公司300万吨扩能改造、华龙公司核桃深加工、陇南电子商务孵化园和农产品交易中心、磨坝峡水源工程、小川小城镇综合改革、城乡电网改造等28个过亿元的产业项目以及基础设施建设重点项目。发挥西成经济开发区平台作用，按照"一区多园"的格局，积极构建融资平台，"筑台引凤"，加快中小企业创业园、西狭颂中华书法园建设步伐。用足用活政策，强化招商引资，催生民间资本，鼓励全民创业，大力发展非公经济，强力拉动经济发展。

2. 创新贷款、借款发放措施

省市精准扶贫专项贷款工作会议之后，成县及时召开专题会议，研究安排精准扶贫专项贷款工作。制定了《成县精准扶贫专项贷款工程实施方案》《成县精准扶贫专项贷款工程操作细则》《成县精准扶贫专项贷款工作责任书》，编印了《成县精准扶贫专项贷款政策须

知》等宣传资料，全面安排启动了全县精准扶贫专项贷款工作。充分借鉴"妇女小额贷款""双联惠农贷款"好经验、好做法，深入讨论研究，广泛征求意见，进一步创新完善了工作措施，对有能力使用专项贷款发展增收产业的贫困户，按照实际需求直接发放专项贷款；对直接使用专项贷款发展增收产业能力较弱的贫困户，由本人自找帮带合作人（能人大户、专业合作社、龙头企业）。在贷款发放中注重把好贷款对象确认关、贷款需求摸底关、资金使用监督关、贷款资金回收关、民主评议审查关，确保了精准扶贫小额信贷资金安全高效运行，及时发挥最大效益。充分利用4.5亿元精准扶贫专项贷款、6500万元扶贫互助资金、产业扶持奖补资金等各类扶持资金，完成核桃树嫁接换优和低产果园改造，在贫困村栽植花椒。发展中药材，油用牡丹、魔芋、金银花、土鸡、中蜂等的种养殖业，不断拓宽群众增收渠道，促进贫困群众稳定持续增收。积极引导合作社、农业企业与贫困户建立利益联结带贫机制，采用"公司+合作社+贫困户"等发展模式，积极引导贫困户通过土地流转入股分红、劳务务工等措施多渠道带动贫困户增加收入。

3. 加强扶贫资金监管，规范扶贫资金运行

成县扶贫办进一步加强财政扶贫资金监管力度，逐步筑牢扶贫资金管理使用的"高压线"的防范机制。一是成立了县扶贫办"保民生、促三农"检察联络室。县检察院派驻一名监察委员和反渎职局副局长进驻我办，任检察联络室主任和联络员，并由扶贫办纪检员任副主任，设立了办公室，配备了相关人员，成立了县扶贫办"保民生、促三农"专项行动工作领导小组，对扶贫办的财政扶贫资金使用管理情况进行监督。二是积极进行年度审计。审计时发挥"预警器"作用，扶贫办每年都积极申请县审计局对扶贫办年度资金使用管理情况进行全面审计，提高自身免疫力。三是严格项目监管。将年度项目计划资金以县财政局和县扶贫办两家名义转发到项目乡村，进

行公示，接受群众监督。在项目实施中要将项目内容、实施地点、施工单位、监理单位、项目投资、项目负责人等相关内容在项目实施地点设立公示牌。项目竣工验收时，要请群众代表参与验收。将项目实施管理过程进行全面公示，接受社会各界的监督。确保扶贫项目严标准、重质量，让群众满意。

坚持把贷款和补助落实到扶贫上来，以政策撬动助力精准扶贫。用好用足扶贫利好政策措施，县财政注入担保资金，发放精准扶贫专项贷款、双联惠农贷款4.84亿元，确定了"自主型、自找帮带型、指定帮带型"三种专项贷款使用方式，积极探索引导贫困户通过自主发展产业、入股投资合作社的方式实现脱贫。抢抓易地扶贫搬迁政策机遇，采取分散和集中相结合的方式，落实搬迁补助和相关配套措施，完成了易地扶贫搬迁任务。全县行政村扶贫互助协会实现了全覆盖，群众随借随用，既能救急难，又能搞发展。全面落实各项强农惠农政策和补贴补助资金，对全县无劳力、无生计、智障重度残疾人和孤寡鳏独特困家庭全面落实兜底政策，确保脱贫。

4. 打好集体经济"主动仗"，撑起脱贫的"攻坚底气"

采取贴息、奖励、补助等方式，由县级财政筹资590万元开展村集体经济发展试点工作，支持村集体兴办各类经济实体，通过创办生态农业、农家乐、观光农业示范园等形式发展集体经济；引导和鼓励村两委会成立土地流转合作社，采取"集体+经营主体+农户"等合作模式，村集体向经营主体提供土地流转协调、劳务输出等服务，收取一定的服务费的方式增加集体经济；以"保底分红+收益分红"等方式，按照"经营性服务、公益性服务、便民金融服务、电子商务服务"的供销改革目标要求，围绕贫困村特色优势产业，将村集体资源性资产经营权和可经营性资产的使用权通过合同或协议的方式投资入股到农业、林业、供销、农机合作社等经营主体，发展多种形式的股份合作，推动农村资源整合、要素重组、抱团发展，多途径增加村集体收入，发展壮大村集体经济。注资输血强基础，"三变"活血破瓶颈。扶持引导各村级党组织依托龙头企业和专业合作社，以土地使用权、资产、知识产权等资源形式参股，采取"支部+龙头企业+集体经济+群众+贫困户""支部+合作社+集体经济+贫困户""支部+电商协会+集体经济+农户"等"党组织+"脱贫带富机制，通过"保底收益+按股分红"模式，在实现村集体经济滚动增收的同时，扶持带动群众增收。实体造血增积累。推行"三链"建设做法，扶持引导各村级组织采取反租倒包、租赁承包、土地入股等多种形式流转土地，独立出资发展种植、养殖等优势特色产业，增加村集体经营性收入。到 2018 年全面消除无集体经济收入的"空壳村"，到 2020 年所有贫困村有稳定可持续的集体经济收入来源，有管理制度和运行机制。

（四）提供多模式岗位，实现就近设岗

给贫困群众一个稳定增收的机会、提高贫困人口就业能力，使其通过参与有组织的现代化生产劳动，促进思想蜕变，将向往富裕生活，转化为自身努力实现的劳动，达成"有尊严脱贫、脱贫不返贫"目标。成县在脱贫攻坚中通过组织群众就地就近就业，实现贫困人口向产业工人转变，既为贫困群众找到了稳定增收的路子，又激发了农村发展活力，为县域经济社会发展和乡村振兴提供了人力支撑。这是成县就业扶贫工作的重要收获，更是推进就地就近就业所应秉持的核心理念。

1. 兴办就业"扶贫车间"

自实施精准扶贫工作以来，成县创新工作思路，积极鼓励扶持各类企业、乡贤、创业能人到贫困村、易地搬迁集中点、群众聚集区等地创办加工或生产车间，让留守在家又没有产业发展能力的老弱病残等重度贫困或支出型贫困群体实现了家门口就业，有力推动了成县脱

贫攻坚进程，这成为成县脱贫工作的新亮点。

成县根据贫困群众的实际需求发展"扶贫车间"，"扶贫车间"是指以扶贫而不是以盈利为目的，解决农户尤其是贫困户就地就近就业问题。成县探索推广出如下三类发展模式：一是建设实体化的厂房式，将工作岗位送到群众家门口，贫困群众就近上班，实现挣钱顾家两不误的"企业+车间+贫困户"的方式。二是采取"企业+订单+贫困户"方式，在接受完成技能培训之后，贫困户收到生产原料和订单，按件计薪。这样贫困户可以自由支配时间，在家中从事生产加工。三是在学校规模较大的镇建立生产车间，采取"错时"工作制，吸纳"陪读"学生家长就近就业。为支持扶贫车间建设，县上在用房、水、电、路等方面优先保障；新建、改建扶贫车间给予一次性奖补，承租扶贫车间给予贴息担保贷款；务工人员办理工伤保险给予行业最低费率等支持；扶贫车间成立帮扶工作队，建立职工之家，做好外围环境保障，帮助吸纳贫困户就业，稳定职工队伍。

成县的就业扶贫车间具有以下几个方面的特点：一是技术简单，门槛较低。它只是加工或生产车间，只负责某个产品的简单生产加工环节，而不是整个生产加工过程。无论是六七十岁的老人，还是十来岁的孩子，无论是怀孕的妇女，还是轻度的残疾人，只要有一定劳动能力的人都可以参与。二是方便灵活，不受时间空间限制。实行按件计酬，多劳多得，员工闲时就在工厂上班，农忙时就把原材料领回家去加工，员工可以实现农活、挣钱两不误。三是工厂建在家门口，可以就近实现就业。成县的就业扶贫车间，大多建在距离贫困群体居住地不远的镇村的移民搬迁集中安置点、新农村建设点，贫困群众可以实现就业和顾家两不误。四是实行差别化的工资待遇，鼓励勤劳致富。为积极响应国家的精准扶贫政策，成县的就业扶贫车间，在计件工资之外，每个月还给予几十元到一百元不等的奖励，鼓励贫困群众依靠双手，勤劳致富。

贫困群众感受着就业扶贫车间给他们带来的实实在在的好处，成县县政府则在思考如何将这只惠民"潜力股"做大做强，深挖其扶贫能量，让更多留守在家的贫困人口实现就业脱贫，助推全县的脱贫攻坚进程。

2. 全面落实就业公益性岗位

成县把公益性岗位安置"三无"贫困劳动力就业作为工作重点，通过政府购买服务、鼓励部门参与等方式，全力推动公益性岗位开发。按照《成县精准脱贫公益性岗位人员聘用实施方案》，全县245个行政村设立精准脱贫公益性岗位3043个，为贫困群众就业提供平台，主要是乡村道路养护管理员、环境卫生保洁员、治安协管员和矛盾纠纷调解员、生态护林员和地质灾害预警员、地质灾害监测员、公益性岗位人员由行政村统一管理，分工不分家，相互配合协调做好农村公益性工作。各乡镇人民政府强化保障稳定岗位，以贫困群众就业服务保障为重点，捆绑使用劳动服务、专岗补贴等政策，确保贫困群众安心务工。同时，采取政府、社会共同筹资的方式，筹措资金为公益性岗位就业群众购买人身意外伤害保险，统一服装及工具。

将公益性岗位作为重要的政策兜底手段，做好公益性岗位的招录工作，选聘贫困家庭劳动力参与护路、保洁、绿化、水电保障、养老服务、群防群治、就业社保协管、公益设施管理等岗位转移就业，通过设置农村公益性岗位，充分发挥乡村各类公益性岗位作用，确保乡村公益性岗位人员持续上岗。这进一步拓宽了成县各乡镇贫困户转移就业渠道，着力解决农村公益性事业的发展问题，提高贫困家庭人员收入水平和生活质量。

3. 强化就业技能培训

在农村地区开展劳动技能培训，对农业生产力的提升有着比较积极的影响，近年来，为切实加大农村劳动力技能培训工作，促进农村劳动力转移就业，不断提高农村劳动力的致富能力和带富能力，成县多举措紧抓农村劳动力技能培训工作，确保农村劳动力技能培训工作取得成效。

成县各乡镇和相关部门，树立抓劳务培训输转就是抓经济的理念，加强组织领导和协调配合，采取"政府抓总、部门负责、乡镇落实、培训到户"的分工负责制。一是积极整合各类培训资源和培训资金，大力开展农民工引导性培训和职业技能培训，不断提高农民转移就业和外出务工适应能力。二是结合实施"阳光培训工程"，建立多形式、宽领域、多层次、多渠道的培训体系，充分发挥各类培训机构的作用，采取走出去、请进来等方式，坚持把培训与就业紧密结合。三是以市场需求为导向，以农民工就业意愿为根本，有计划、有目的地扩大培训面，加强法制教育，特别是劳动保障法律、法规和安全等知识的培训，以提高劳动者的素质，增强自我保护意识和就业竞争能力。四是采取基地培训、流动培训、订单培训、项目培训和企校联办培训等形式，重点开展建筑、餐饮、电焊车钳、电器维修、美容美发、交通运输、缝纫、家政服务、保安等方面职业技能培训，力争使每个农民掌握1—2门实用技术，下功夫培养造就有文化、懂技术、会经营的新型农民。

同时，人社局和劳务办积极与教育、财政、农牧、中小企业等部门和用工单位联系，组织开展大规模实用性强的职业技能培训。一是教育部门积极发展职业教育，职业培训学校要按照"以需定培，长短结合，以短为主"的原则，采取合资办学、分类办学等形式，逐步实现订单、定点、定向培训，重点对各乡镇初中毕业后不能升入高中、高中毕业后不能升入大中专院校的学生进行一定的职业技能培训，培训合格后全部输转出去，实现培训和输转的良性互动。二是农牧部门结合实施"阳光培训工程"，建立和完善培训基地，积极开展引导性培训和农业实用技术培训。水务、公安、司法、旅游、文体、交通、建设和中小企业等部门根据各自的业务特点切实开展好相关的职业技能培训。三是工会、共青团、妇联和科协等群团组织各司其职，各负其责，真正把城乡富余劳动力的培训抓到手上。各职业培训机构创新思路，适应劳务输转的需要，增加培训项目，把对农村劳动力的转移培训作为一项重要工作来抓，抓出成效。

开展农民劳动技能培训，已经成为推动农业现代化发展的有效途径之一，并且具有投入小、潜力大等优势。当广大的农民群众有一定的劳动技能之后，他们更容易在社会中获得更好的工作机会，这能从根本上消除农村的贫困，有利于社会的发展。未来，我国的城乡差距将会日益缩小。为了更好地提升我国农业生产的整体水平，我们必须要创造良好的社会环境，为农民基础劳动技能培训的发展提供更多的帮助。唯有如此，我们才有望培养出一批懂技术的高素质农民，让我国的农业生产优势能够进一步得到发展。

（五）东西协作，带动产业发展

成县与青岛市城阳区建立东西部扶贫协作关系以来，按照党中央及省、市对东西部扶贫协作工作的部署要求，成县积极主动与城阳区开展协作对接，在全面准确研究县情、了解需求的基础上，重点在工业、农业、旅游业和电子商务四个方面进行了合作，带动产业扶贫，帮助贫困地区群众增加收入，拓展收入渠道。

1. 加强现代工业合作

成县拥有工业资源优势，在已有的工业产业基础上，成县县委、县政府研究出台了一系列优惠政策，创造便利条件，引进青岛市城阳区的工商企业到成县进行投资创业，加快培育壮大铅锌冶炼、新材料、农林特产品精深加工、清洁能源等产业。坚持工业强县，推动本土工业和外来企业的融合，发展主导工业，创新新兴产业，推动经济发展，注重为贫困群众创造就业机会和就业岗位，依靠工业做大做强帮助贫困群众增加收入，助力脱贫。

2. 加强特色农业合作

成县的农业现代化发展依托于特色农业产业。在东西部扶贫协作中，成县引进城阳区有实力的企业投资开发成县的核桃、中药材、大蒜、土蜂养殖等特色农产品，建立产业示范园，扩大种植养殖规模，延长产业链条，打造名优品牌；利用城阳区和成县的展会优惠，开展农产品展销、项目洽谈和经济交流活动，扩大特色农产品的品牌作用；充分利用城阳区市场和物流优势，拓宽销售渠道，增加产业收益，东西部扶贫协作实现双方共赢。

3. 加强旅游产业合作

成县拥有历史文化、民俗风情、自然景观、绿色生态、美丽乡村、红色旅游等丰富的旅游资源。在东西部扶贫协作中，成县发挥与城阳区旅游资源互补优势，建立旅游协作机制，引入现代旅游产品开发企业。联合开发鸡峰山景区、杜少陵祠景区、五仙山景区、吴挺碑景区、大云寺景区、甸山景区、五龙山红色旅游、浪沟峡生态旅游、南山颐养基地、草滩避暑度假村、南部百公里自驾游环线、北部百公里自驾游环线及汽车营地等项目，打造精品旅游线路，大力发展乡村旅游。在青岛市城阳区开展成县旅游宣传推介活动，鼓励成县市民赴青岛市城阳区等地旅游度假，为"青岛人游陇上江南"创造条件、提供服务，借力做强做大成县旅游产业。

4. 加强电子商务合作

成县电子商务产业脱贫有一定的基础，在东西部扶贫协作中，利用成县电商发展基础，支持引导两县区电商企业加强合作，与青岛市城阳区知名电商平台开展合作，推介成县特色产品，建立成县电商扶贫城阳区体验店，引进青岛市城阳区现代物流企业和电商企业在成县布局，实现共赢。

第六章

引援借力：构建同心治贫格局

贫困是一个社会问题，贫困问题的解决在于多方面力量共同的努力。外部资源的推动，成为有效、快速缓解贫困问题的重要因素。只有建立同心治理贫困的格局，才能实现共享发展的目的。贫困地区尤其是深度贫困的地区，内生脱贫的要素、结构尚且未能健全，需要较长的时间去完善、去构建，不论是市场主体还是经济、社会较为发达的地区，抑或是社会慈善组织，在脱贫攻坚中已然扮演不可或缺的角色，都能够提供坚实的力量，实现贫困地区脱贫的目标。

一、东西部扶贫协作创新扶贫借力模式

20世纪80年代初期，中国的区域经济发展重点转向地区间协同发展，发展战略转向东部沿海发达地区。东部沿海地区凭借地理优势、科学技术、资源市场等方面的绝对优势，和国家政策向沿海地区倾斜获得了优先发展的条件，使东部地区优先成为我国的发达地区。至20世纪90年代，区域间发展差距逐渐扩大，产生一系列问题，影响我国经济、社会及政治稳定。现实的影响和国家领导层的重视，为东西部扶贫协作打下一定环境基础，也正符合东西部扶贫协作政策的要求。

东西部扶贫协作政策是一项旨在鼓励和支持东部沿海发达地区对口帮扶西部内陆贫困地区的创造性脱贫战略，是同统筹地区协调发展、西部大开发战略、共同富裕理念前后相继、一脉相承，具有中国特色的扶贫开发战略。

（一）东西部扶贫协作模式的缘起

我国是一个地区发展很不平衡的发展中国家，由此产生的地区间发展差距影响我国社会主义现代化的进程，因此开展东西部扶贫协作，组织东部发达省市对口帮扶西部贫困地区是扶贫开发中最能体现中国特色的一项重要内容。故而，青岛市城阳区对甘肃省成县开展的东西部扶贫协作，是一项具有重大战略意义的扶贫政策，符合当下贫困治理尤其是精准扶贫方略下的基本国情，能够维护和体现两地区人民的根本利益。青岛市城阳区与成县统筹调配各类力量，形成了多方力量参与、多种举措有机结合、互为支撑的脱贫攻坚强大合力。

1. 东西部扶贫协作产生的背景

优先发展起来的东部地区带动贫困地区的发展，最能体现共同富裕理念。最初的东西部扶贫协作主要采用国家指令性的对口支援政策，东部沿海发达地区在扶贫过程中只是单纯的施救者，义务向西部贫困地区提供物资和资金。这种没有东西部地区经济互动的单向扶贫方式，不仅不会从根本上解决贫困地区的落后问题，还会造成西部地区对国家及东部发达地区在政策和经济上的依赖关系。只有通过增强西部地区自身发展的能力，摆脱对国家和东部地区的依赖，才能实现扶贫协作的持续性和成效性。

1996 年 10 月，扶贫协作工作得到进一步强调和重视，《中共中央国务院关于尽快解决农村贫困人口温饱问题的决定》中强调，"对口帮扶的任务要落实到县，协作要落实到企业和项目。组织富裕县和贫困县结成对子，进行经济合作，开展干部交流。动员富裕县的企业到西部贫困县去，利用人才、技术、信息、市场、管理、资金等各种优势，在互利互惠的基础上与贫困县共同开发当地资源。省一级对口帮扶的双方，要做好协调组织工作"[①]。这标志着具有中国特色的扶贫政策正式启动，并在全国内广泛开展。

进入 21 世纪，我国东西部扶贫协作方式和目标进入更新、更高的发展阶段。《中国农村扶贫开发纲要（2001—2010 年）》提出新时期我国扶贫开发战略目标任务是"尽快解决少数贫困人口温饱问题，进一步改善贫困地区的基本生产生活条件，巩固温饱成果，提高贫困人口的生活质量和综合素质，加强贫困乡村的基础设施建设，改善生态环境，逐步改变贫困地区经济、社会、文化的落后状况，为达到小康水平创造条件"[②]。党的十六大以来，在科学发展观和实现社会主义和谐社会的大背景下，对新一阶段的扶贫开发提供了新的指导思想和实施方式。2011 年《中国农村扶贫开发纲要（2011—2020 年）》的发布标志着我国开发扶贫理念由单向为主导向扶贫互动双方参与并举的理念转变。新时期，坚持脱贫攻坚统揽经济社会发展全局。青岛市城阳区与成县东西部扶贫协作成为顺应政策脉络、遵从党中央号召、践行新时期伟大使命的典范。

2. 青岛市城阳区、成县的东西部扶贫协作部署方略

青岛市城阳区自 2017 年与成县建立东西部扶贫协作关系，重点围绕项目合作、园区建设、产业开发、基础设施、干部交流培训等方面不断寻找扶贫协作的契合点，签订了东西部扶贫协作框架协议、劳务输出协议、农业合作框架协议、旅游合作框架协议等系列协作协议，全面启动实施帮扶协作项目。

首先，在交流与培训学习方面，双方领导带队互访交流 19 次，

---

① 《中共中央国务院关于尽快解决农村贫困人口温饱问题的决定》，《人民日报》1997 年 1 月 8 日。

② 《中国农村扶贫开发纲要（2001—2010 年）》，《人民日报》2001 年 9 月 20 日。

共 270 余人次，明确了帮扶重点及目标，细化了帮扶措施，扎实推进了两地互访对接和帮扶工作。城阳区教体局安排领导、学校校长、教师 50 余人次分五批到成县交流观摩、指导教育教学工作。成县分段分批选派校长、中层干部、教师 160 余人次到城阳区学校观摩学习、跟岗培训。截至 2019 年，通过多次交流与学习，双方达成较多合作协议，青岛市城阳区已为成县提供帮扶资金累计 4471.99 万元。其次，在选派帮扶单位方面，城阳区在 2017 年选派帮扶单位的基础上，2018 年又选出 12 个经济实力较强的社区结对帮扶成县的 12 个贫困村。选派 14 名优秀教师到成县支教两个多月，指导帮助成县开展教育教学活动。城阳区选派呼吸科、耳鼻喉科等 14 名专家到成县人民医院进行业务帮扶，成县派出县医院、中医院、妇幼保健院和疾病预防控制中心等 4 个医疗机构 100 余人次先后赴城阳区人民医院、城阳街道社区卫生服务中心和青岛大学附属医院等医疗机构进行为期 10 天的考察学习。再次，在扶贫项目落地方面，青岛利和萃取股份有限公司开展的甘肃陇南生物萃取项目落地成县红川工业园区。2019 年，该项目已经完成项目批复、土地出让、环评、地勘工作，"三通一平"、设备采购等前期工作逐步按计划开展。项目建成后，成县每年约处理花椒 1500 吨，生产精油 225 吨；能够实现产值 4.5 亿元，上缴利税 7740 万元，吸纳就业 120 余人。

（二）城阳区、成县东西部扶贫协作创新模式的形成

成县抢抓省市部门、东西部扶贫协作帮扶机遇，统筹调配各类力量，形成多方参与，多种举措有机结合、互为支撑的脱贫攻坚大合力。为顺利推进东西部扶贫协作工作，完善更新工作思路，制定出台《关于进一步做好全县脱贫攻坚成效巩固提升工作的实施意见》《成县巩固提升脱贫攻坚成果实施方案》《成县贫困县退出后继续精准帮扶巩固提升工作实施方案》《关于在未脱贫村开展脱贫攻坚查问题、

抓整改、补短板、强弱项专项集中行动实施方案》《成县未脱贫人口脱贫计划》等文件，为东西部扶贫协作提供了制度保障和政策支持。青岛市扶贫协作工作办公室印发一系列帮扶文件，包括《青岛市计生协会和陇南市计生协会对口支援友好合作协议》、2019 年 2 月颁布的《青岛市扶贫协作工作办公室 2019 年工作要点》等，一系列政策文件皆展现青岛市城阳区、成县东西部扶贫协作创新模式。

1. 从相互探讨到深层谋划。青岛市城阳区与成县展开深度扶贫协作，青岛市城阳区倾力帮扶成县完成脱贫攻坚任务，成县与城阳区建立深度合作关系。城阳区、成县两地为确保扶贫工作顺利开展，一是调查摸底常年在外的务工贫困户劳动力，从劳动力需求层面预防深度贫困问题的发生。二是调查摸底在家、在村的劳动力情况，拓宽有意愿外出务工的富余劳动力脱贫路径。这两方面基础数据的收集，都为深化成县与城阳区深层谋划扶贫协作战略提供有力依据。2018 年 7 月，青岛市城阳区区委副书记带领区总工会、区中小企业协会负责人、爱心企业负责人等与成县相关部门展开深入交流，听取成县扶贫领域的成果汇报，入户走访贫困户，了解脱贫攻坚工作推进情况。在交流走访中，青岛市城阳区扶贫工作人员与一线的扶贫干部、贫困群体详细交谈，了解住房、安全饮水、教育、夏收等生产生活情况，鼓励贫困群体树立脱贫信心，增强致富本领，鼓励贫困群体在相关扶贫单位的支持下，不断通过自身努力脱贫。

2. 从政府援助到联动社会。践行国家政策，是脱贫攻坚道路中必须坚持的原则。在政策指引下，创新脱贫攻坚新办法，则是青岛市城阳区与成县扶贫协作过程中共同努力的方向。2018 年 3 月，青岛至陇南航线开通，青岛乘客到陇南旅游，与此同时陇南群众到青岛推介农特产品，成为两个城市开展东西部扶贫协作的新内容。从 2017 年 3 月至 2018 年 3 月，两地在资金支持、人才支援、产业合作等方面实现了新的突破。

3. 从人才扶持到人才交流。开展东西部扶贫协作，是打赢脱贫攻坚战的重大举措。一是举办劳务输出培训班，根据城阳区相关企业的用工需求，成县充分利用陇南师专继续教育学院、电商学院、机电工程学院、农林技术学院等培训资源，定向开展劳务技能培训，协调联系用工企业，开展上岗培训。二是组织贫困人口到省内外就业，统计数据发现，成县人均可支配收入的60%来源于务工收入，除了主动到外地务工的劳动力之外，贫困群体外出务工的机会是在东西部扶贫协作政策支持下获得的。三是充分支持人才培养，成县有组织、有计划地组织全县各级各类人员赴城阳区考察学习，利用培训资源，加大人才培养力度，支持贫困学生到东部就读职业院校，打造一支观念新、素质高、留得住、带不走的人才队伍。劳务协作是东西部扶贫协作的一项重要内容，也是增加贫困群众务工收入的有效途径。2018年7月，青岛市城阳区区委副书记一行在成县召开了人才培养和劳务输出等工作会议，并就成县劳务输出、技术人才培养及就业等情况展开深入探讨，并签署两地人才交流意向书。

4. 从单向扶贫到共赢发展。在早期对口支援政策实施过程中，经济发达地区通过输送救助资金和生活物资的方式，向西部贫困地区展开单纯的、单向的扶贫帮扶任务。这种单向的扶贫模式并不能从根本上解决贫困地区的问题，也不能真正解决贫困地区的发展问题。青岛市城阳区改变以往的单向扶贫模式，从救济转向以经济协作为主的开发式扶贫。东西部对口支援与经济技术协作，成为双方扶贫协作的重要形式。青岛市城阳区与成县扶贫协作范围不断扩大，深度不断发展，逐渐形成了长期稳定的合作关系。具体表现在，抢抓东西部扶贫协作机遇，争取青岛市城阳区各方面援助资金4832万元，用于"乡村旅游"升级打造、贫困户庭院硬化、小巷道硬化、安全饮水工程提升、贫困户配股分红、大病救助基金和教育、卫计等专业人才交流学习培养等项目。同时着眼于推进经济结构调整，积极培育新兴产业，引进青岛利和萃取股份有限公司生物萃取项目落地陇南西成经济开发区红川园区。

（三）城阳区创新成县"互联网+" 扶贫模式

发展农村电商是促进农村地区困难群众脱贫致富的重要途径。《关于开展 2018 年电子商务进农村综合示范工作的通知》指出，应深入建设和完善农村电子商务公共服务体系，培育农村电子商务供应链，加强电商培训，带动贫困人口稳定脱贫，推动农村电子商务成为农业农村现代化的新动能、新引擎。

1. 打造特色的电商扶贫平台

成县坚持把电商扶贫作为整合放大扶贫力量的重要平台，积极推进电商与精准扶贫深度融合，着力打造电商全产业链，构建以行政推进、基础保障、产业支撑、平台服务、宣传推广为主的县域电商生态系统，打通网店、平台、就业、信息、入股、产业六条电商带贫渠道，使电商成为贫困群众脱贫致富的助推器。

成县积极推进电商与精准扶贫深度融合的带动机制，打好电商整体战、融合战、质量战和全域战，充分发挥电商协会、平台和公共服务体系作用，扶持现有电商企业和网店业绩提升，落实物流快递补贴，大力发展电商扶贫车间，解决电商企业、网商融资问题，推进网货研发、产销供应、市场营销、品牌打造、孵化应用，做强农产品、旅游、生活服务类电商。多样化的电商平台、健全的电商服务网络为农村贫困地区特色产业走出去提供了网络宣传优势，为农村贫困人口售卖特色农产品提供了成本相对较低的渠道。

2013 年以来，成县抢抓"互联网+" 发展机遇，积极探索电商与精准扶贫深度融合的有效机制，通过联动互推，构建行政推进、基础保障、产业支撑、平台服务、宣传推广五项电商扶贫生态系统，打通网店、平台、就业、信息、入股、产业六条电商带贫减贫渠道，引领城乡群众依托电商创新创业。2017 年以来，成县与青岛市城阳区携手并进，在政府援助、对口帮扶、项目合作、产业开发、人才交流等方面深化合作并取得明显成效的基础上，加大与青岛市城阳区销售平台和市场的对接，将成县农产品带到东部市场，创新探索出电商扶贫的"陇南模式"。2018 年以来，成县继续深化落实陇南市"433"发展战略、"1333"电商发展总体思路及全市电子商务发展大会精神，以"从电商名县向电商强县"转变为目标，以破解电商难题、带动提质增效为主线，坚持政府引导、企业主体、市场运作的原则，紧盯内容电商、体验电商和媒体电商发展新趋势，聚心聚力，真抓实干，聚力打好电商发展整体战、融合战、质量战和全域战，落实电子商务"个十百千万"重点工作任务。

2. 壮大提质增效的电商规模

成县抢抓东西部扶贫协作机遇，在城阳区帮扶支持下，不断壮大电商发展规模，以破解电商难题、带动提质增效为主线，围绕资源共享建平台、多方联动建中心、提高保障建溯源、延伸链条建仓储、立足特色育网货、挖掘故事树品牌和紧盯市场办活动等七项工作的开展，使得电商销量得到稳步提升。这些行动一方面壮大了电商的规模，另一方面起到了提质增效的作用，实现了群众持续增收和多重收益的目标。

2018 年，通过开展"青岛陇南周"、"创意未来"文创大集暨对口支援地区特色产品展示、城阳市民节等系列活动，成县将枣夹核桃、手工挂面等 30 多种 100 多款特色农产品推向青岛市场，向青岛销售网货，累计收入达 250 多万元。同时，城阳区批发市场与成县签订《特色农副产品展销合作协议》，与城阳区世纪广告设计中心等达成长期合作关系，依托利群集团建立"青岛市统一战略东西部协作电子商务平台"等，不断拓宽呈现特色农产品销售渠道。

从电商发展规模看，数量的提升为拉动成县经济发展带来了较大的优势。在城阳区政府、企业以及社会组织等多方面的推动下，成县电商截至 2018 年 12 月底，共有各类网店、微店 1127 家，成立电商企业 38 家，物流快递企业 42 家，建成电商平台 9 个，县级两级网货供应平台 26 家，农村淘宝服务站 55 个，新建网货生产线 13 条，新建电商扶贫车间 8 家，SC 认证网货 46 款，组建电商团队 37 个，电子商务全产业链直接或间接带动就业 2 万余人，其中有贫困户 8500 多人。开展电商培训 55 期，参与人数 4279 人次，电商销售额 6.86 亿元，其中线上 2.05 亿元，线下 4.81 亿元。

3. 搭建效果显著的电商增收路径

成县在青岛市城阳区的协助下，一是通过培训扶持有能力的返乡青年、专业合作社负责人开办网店，帮助贫困户销售农产品，鼓励大学生村官、帮扶干部指导帮助贫困户开网店等方式，实现网店与贫困户的有效对接。成县全县有 350 家网店与 3682 户贫困户签订带贫协议，帮助贫困户销售农产品 1785.6 万元，全县贫困人口通过电商人均增收 640 多元。二是通过一系列努力，成县形成"一店带多户""一店带一村""一店带多村"的模式，解决了农产品销售难题。三是电商扶贫过程中，协作双方注重网货开发和供应平台、电商平台建设，健全农产品质量管理体系和溯源追踪体系，推进农产品品牌认证、规范网上销售和宣传营销，以贫困户"两后生"、返乡青年、新农民为重点，开展电商扶贫培训，累计培训 551 人，提高了电商扶贫人才实操技能，壮大农村电商创业团队和实体。

携手电商发展助脱贫已经成为成县脱贫发展的重要路径。成县电商事业的发展进一步拓展了农产品发展的市场。并逐步形成了以顺通电子商务物流园为中枢、乡镇物流配送站为支点、村级物流配送点为终端的县、乡、村三级物流配送体系。

表 1　成县电商服务点数量

内容	数量
县级电商公共服务中心	1 个
乡镇电商服务站	17 个
村级电商服务点在内的县、乡、村三级电子商务服务体系和物流园	167 个
乡镇物流配送站	15 个
村级物流配送点	116 个

　　成县通过补短板、兴产业、促转型的方式，激活传统企业发展的新动力，将企业线下发展的传统模式革新为线上交易、线下同步销售的模式，增加产品电商化的核心竞争力；通过育网货、塑品牌、建溯源的形式，集中破解网货供应难题，扶持农产品生产加工企业、专合组织，采取自加工或代加工形式加强网络适销新品的研发，并推动产业标准化、规模化、集约化发展，加强品牌认证和生产许可证的办理；通过强服务、稳基础、求实效的原则，稳步提升电商主体的运营能力，依托陇南农产品加工销售和电子商务示范区建设技能人才项目实施方案，重点为各类网商提供各类支持；通过探新路、抓培训、激活力的方式，提升电商人才综合素养，加强电商人才技能培训，紧扣按需培训人才的思路，逐步完善电商培训方案，根据发展需求，丰富培训内容，提高培训质量，增加培训的针对性，确保培训的实效性。电商扶贫的模式逐渐形成，并在全国推广。

（四）城阳区、成县最大限度实现扶贫协作目标

　　打通增收渠道是成县在东西部扶贫协作战略中的重要战略目标，推动贫困群体增收，改变贫困群体的贫困现状，从根本上改变贫困群体的困境，对于成县脱贫攻坚具有重要意义。

1. 不断提升农产品产业升级

农产品产业升级，是提升农特产品质量的重要途径，是贫困群体脱贫的根本性动力。成县不断探索农产品升级的同时，青岛市城阳区为其提供了更加科学合理、有效率的升级模式。主要表现在，城阳区有意识地引领成县围绕"整县核桃全覆盖、川坝精品果蔬菜、林下土蜂中药材、两山环线旅游带、农村电商新业态"的思路，做优核桃主导产业，做强草畜、中药材、蔬菜、中蜂等"四辅助"产业，做好乡村旅游、农产品电商、农产品产地初加工、农村养老服务和文化民俗手工艺品等新兴补充产业。农业产业化带来农产品的升级换代，激发了农产品在市场中的活力，从而提升市场供给质量。

与此同时，成县在条件适宜的地区发展西洋樱桃、金太阳杏、草莓、蓝莓鲜果，在林区推广林下经济，扩大中药材、油牡丹、食用菌、小杂粮、魔芋、烤烟和"三土养殖"、水产养殖产业规模，常态化开展核桃为主的经济林综合管护，新增特色种植4.5万亩，中蜂养殖7.5万群，推广南瓜种植产业，发展家庭农场和特色农业车间，推进农业保险参保、"三权"抵押贷款、土地确权成果应用，加快农产品品牌建设。充分发挥现有千家专业合作社、富民公司作用，推进种养基地和订单生产，发展蓝莓浆果种植3500亩，建设田园综合体示范园，建成农产品加工企业6家、果蔬保鲜库66座，划定粮食生产功能区15万亩，争创蜂产品科技创新国家示范基地，努力推进农业现代化发展。这都为成县与城阳区的需求对接打下了良好的基础条件。

例如，山海相联"垅货入青"的行动带动了成县农产品较大幅度的升级。东西部扶贫协作开展以来，成县立足陇南特色农产品量大质优，电商企业多的实际情况，紧盯青岛的消费市场，全方位多层次开展营销活动，大力推进"垅货入青""山珍海味"互通有无。2018年，青岛举办"2018青岛陇南周"系列活动，成县号召本地企业参与互通有无的活动，共有 17 家企业参与了青岛陇南周，其中有 100 多种特色网货入驻青岛陇南周电商体验馆展销。家裕生态农业公司、康润珍果酒坊、广丰黄菊等多家电商企业参加城阳区"创意未来"文创大集暨对口支援地区特色产品展示活动，核桃系列产品、手工挂面等特色农产品热销，并获得青岛市民的良好口碑。成县电商协会参加青岛广播电视台集团"银色年华中秋大集"活动，推广成县农特产品，扩大成县农产品在青岛的知名度。成县与青岛城阳果蔬批发市场、城阳区世纪广告设计中心达成长期合作关系，在城阳线下市场设立成县特色网货展销专柜，与青岛事业单位签订供货协议。这一系列的合作与互动，体现了青岛市城阳区、成县东西部扶贫协作的有效性，积极体现了共同富裕的理念。

2. 逐步拓宽特色旅游发展渠道

青岛市城阳区与成县建立东西部扶贫协作以来，联合成县各部门，针对成县文化旅游名县的特点，共同规划并推动了成县旅游业的发展，加力攻坚，全域促动三产服务扩总量，为贫困群体脱贫提供长效模式。一是坚持把文化旅游资源开发、电子商务线上线下应用、商贸服务百业并举作为培育新兴产业的"突破点"，实施"第三产业高融合发展攻坚行动"，打响"千年古县"品牌，切实提升成县在空港及"大九寨"旅游黄金线上的综合承载功能及旅游服务能力，以三大景区为带动、特色资源为驱动、产业融合为方向、城市旅游为辐射，整合"文、商、养、学、闲、情、奇"等旅游要素。二是完善旅游产业结构、产品结构、产业链条，展推历史文化遗产和旅游产品，把全县当作一个大景区来规划、建设、管理和营销，推进旅游全地域覆盖、全资源整合、全领域互动、全社会参与，串点成线、建大通道、广开线路，对接融入"甘川陕渝"旅游圈。三是积极申报历史文化名城，推进西狭颂国家 5A 级景区创建、鸡峰山森林公园国家 4A 级景区创建和杜公祠景区、韦山芍药谷、锦华玫瑰生态园国家 3A

级景区创建工作；协调推进中国西狭颂文化养生小镇、游客集散服务中心及旅游服务设施建设，实施鸡峰、二郎百公里环线自驾游开发项目，大力发展民宿、农家客栈和旅游示范村。四是突出"古、秀、乡"北国江南风情，推进旅游乡村、游园采摘和工业旅游，让成县处处是景、时时有景，创建全省全域旅游示范县。打好电商整体战、融合战、质量战和全域战，充分发挥电商协会、平台和公共服务体系作用。

3. 精准对接两地供需诉求

新一轮的东西部扶贫协作展现城阳区、成县两地在供需层面的有效结合。就城阳区而言，当地农产品供应渠道相对单一，因而老百姓对农特产品的需求量比较大，而成县在脱贫攻坚期间，重视农特产品的生产和加工，成县特色农产品的供应恰恰能够满足城阳区老百姓的需求。供需达成一致，成为两地在扶贫协作中的重要合作内容。一方面，成县依托特色农业大县的优势，致力建设能够对外宣传的特色农产品扶贫攻坚模式，全力带动农业发展，向有更多需求的城阳区输送丰富的农特产品，既满足城阳区对农特产品的需求，又推动了农特产品供应链的发展。另一方面，成县坚持把挖掘特色优势、打造特色品牌、健全产业链条、农业提质增效作为农业产业化的"发力点"，实施"农业高效益发展攻坚行动"，坚持农业供给侧结构性改革，从制度与行动层面实现城阳区与成县在供给与需求层面的结合。

具体而言，为全面实现两地扶贫协作的目标，在供需结合方面，成县不断探索出新思路：推动"粮经饲统筹、农牧渔结合、种养加一体"发展，加快发展农产品精深加工、乡村旅游、休闲康养、电子商务等绿色业态，推动林下经济、种养平衡、生态循环的现代农业，推进土地适度规模流转、"三变"改革和资源盘活，促进专业合作社带动千家万户"接二连三"融合发展，实现农业就地延链增值。同时，通过两地线上线下展销活动以及定向采购，成县已经累计向青岛展销核桃坚果、核桃夹枣、琥珀核桃、桔梗菜、手工挂面、菊花茶、木耳等特色农产品 260 万元。这一行动充分带动了成县经济、社会发展，为成县脱贫攻坚提供了推动力，也为贫困群体走出贫困困境提供了实质性帮扶。

二、百企帮百村激发市场主体扶贫动力

企业帮扶贫困地区脱贫是推动贫困地区经济发展的重要手段，一方面表现在企业能够用科学的眼光对乡村振兴背景下深度贫困地区的扶贫进行科学目标定位，坚持将企业推动下的产业扶贫作为精准扶贫的治本之策，作为乡村全面振兴的关键举措，并通过政策协调的方式，促进企业深入推进产业项目落实落地，推动资金、人才、技术有效传递到村、到户、到人，真正实现贫困地区引援借力，摆脱贫困困境。另一方面表现在企业能够通过物资的援助、人才的交流与培训，有针对性地化解贫困村、贫困人口最急切的需求，从而将需求对象从困境中拉回，进而计划下一步的援助计划。物资帮扶旨在解急困、人才交流与技术培训的目的在于培养贫困对象内生的动力，为贫困对象彻底摆脱贫困提供实质性助力。

（一）百企帮百村扶贫行动的由来

根据政府主导、社会参与、以人为本、自力更生、开发扶贫的总方针，企业帮扶贫困村打赢脱贫攻坚战具有应然性和必然性。从长远来看，脱贫攻坚离不开产业支撑，乡村振兴更应是生产发展、生活富裕的美丽乡村面貌，企业作为产业扶贫的责任主体，是新时代精准扶贫的战略重点，也是深度贫困地区全面建成小康社会与实现乡村振兴的基础性工程。

首先，企业通过对贫困地区产业的推进，从长远目标上解决贫困群体的生存问题，产业发展是贫困户脱贫、贫困村达标出列的基本要求。① 贫困户要有稳定收入来源就必须根据自身条件灵活发展最适合的致富产业，才能稳定摆脱贫困困扰，并有效降低贫困发生率。产业的发展，能够改善贫困地区的基础设施和基本公共服务，为摆脱贫困帽子提供了条件。

其次，企业结对帮扶对消除绝对贫困作出了贡献。企业的帮扶为推动贫困地区扶贫产业健康快速发展、带动贫困户增收脱贫、拉动经济增长、促进就业并提高劳动力素质、有效改变贫困地区落后面貌提供了思路。

再次，大力推进贫困地区贫困户的致富、发展，形成城乡互促、工农互促、全面融合、共同繁荣的局面，离不开企业这一市场主体的积极参与。企业帮扶成为体现市场力量，改变经济贫困、使贫困地区和贫困个体获得经济资本的重要途径，也是贫困地区共同富裕的根本要求。

总而言之，乡村社会的发展尤其是贫困地区的乡村社会的发展是一个多尺度、多主体、多领域的演化过程，乡村社会与城市社区已经形成我国经济社会发展的联合体，乡村已经深入融合了闲暇、生态服务、农产品生产、经济基础等众多功能，随着城市化步伐的推进、工业化的发展，乡村潜在的农产品生产、生态与闲暇、文化传承、社会稳定、乡村主体发展等复合价值性已经展现出来。因此，企业介入扶贫领域，助力脱贫攻坚事业，为推动乡村事业变革、农业形态转型、农产品外销提供了更加专业、科学的渠道。

---

① 牛胜强：《乡村振兴背景下深度贫困地区产业扶贫困境及发展思路》，《理论月刊》2019年第10期。

（二）百企帮百村扶贫的成县实践

成县在企业帮扶贫困村的探索方面取得了诸多实践经验。一是联动青岛市城阳区企业帮扶，取得一定成绩。青岛市扶贫协作工作办公室印发的《青岛市扶贫协作工作办公室2019年工作要点》中提到，深入开展携手奔小康行动。青岛市落实好《关于进一步深化携手奔小康结对帮扶工作的通知》，推动结对关系向深度贫困镇街、村（社区）延伸。实施"结对帮扶三百工程"，组织100个强镇（街道）、强村（社区）、强企业，一对一结对帮扶100个贫困乡镇、村，重点聚焦建档立卡贫困户等帮扶项目。城阳区在相关文件的要求下，积极履行各项政策要求，重点引导、帮助区内外企业向成县延伸产业链条，加速成县产业发展壮大。二是协同全县企业，建立帮扶机制，形成较好的扶贫格局。成县在2018年年初深入开展"走基层、访贫困、送温暖"活动，通过逐村逐组、挨家挨户排查，分别排查出重度精神病人、大病患者、意外事故伤亡、重度残疾人、孤寡老人等特殊困难群体，从而坚持"政府引导、企业主抓、结对帮扶、合作共赢"的原则，制定《重点企业帮扶特殊困难群体人群任务一览表》，坚持特殊群体不落一户、不落一人，形成企业与特殊困难群体的"一对多"帮扶模式。

除此之外，成县在企业帮扶贫困村的实践行动还表现为以下几个方面：

1. 签订协议：发挥企业扶贫的强大动力。成县不断创新专项扶贫、行业扶贫、社会扶贫"三位一体"大扶贫格局，引导社会力量参与脱贫攻坚。就行业帮扶而言，成县致力于调动所有能调动的企业，发挥其参与脱贫攻坚的生力军作用。进而成县县政府与全县127家重点企业签订合作协议，127家企业形成了结对帮扶115个村876户2402人特困人群的格局，在帮扶过程中共捐资捐物折合714万元，成为助力脱贫攻坚的典型主体，有效解决了特殊群体的生产生活困难问题。

2. 长期合作：拓宽特色农产品销售渠道。成县坚持把培育发展富民产业作为贫困群众稳定增收脱贫致富的主要渠道，在大力发展核桃、油用牡丹、金银花和特色林果、蔬菜等特色优势产业的同时，加快发展市场前景好、周期短、见效快、群众易掌握的土蜂、土鸡养殖和中药材种植等项目，培育多元富民产业。种养殖产业不断扩大。充分利用 4.5 亿元精准扶贫专项贷款、6500 万元扶贫互助资金、产业扶持奖补资金等各类扶持资金，完成核桃树嫁接换优 12.2 万株，完成低产果园改造 8.9 万亩，在贫困村栽植花椒 0.2 万亩。中药材种植达 5.8 万，油牡丹 0.67 万亩、魔芋 0.5 万亩、金银花 0.21 万亩、烤烟 0.28 万亩，养殖土鸡 18.31 万只、中蜂 0.25 万箱，不断拓宽群众增收渠道，促进贫困群众稳定持续增收。

3. 共谋发展：拓建协作发展平台。一方面构建农民合作平台，积极引导合作社、农业企业与贫困户建立利益联结带贫机制，采用"公司+合作社+贫困户"等发展模式，积极引导贫困户通过土地流转入股分红、劳务务工等措施，多渠道带动 2120 户贫困户增加收入。另一方面，建设乡村旅游平台，促进乡村旅游产业健康发展。新培育发展农家乐 8 户、农家客栈 2 家，新增带动就业 360 人，间接拉动旅游就业人数 1200 余人。持续完善了县城—鸡峰山景区—草滩—太祖山—石门沟景区的百公里环线自驾游设施，启动实施了南山贫困片带生态文化旅游区全域旅游项目，建成了城关镇南山村、鸡峰镇草滩村、王磨镇浪沟门村三个乡村旅游扶贫示范村。

4. 合作交流：探索深度减贫的企业模式。一是合作协议保障减贫成效，成县本地企业与青岛市城阳区的企业签订企业扶贫的协议，通过项目输入的方式定制合作备忘录、万人劳务输出协议、农业合作框架协议、旅游合作框架协议，为深度减贫打牢了基础；二是互动交流带动本土产业的发展。在青岛市城阳区的企业联合政府举办了成县农特产品（网货）暨电子商务推介会、全域旅游推介会等系列活动，青岛保税区管委会与成县陇南西成经济开发区管委会签订了《东西扶贫协作意向书》和《"一带一路自贸驿站"合作协议》，这一系列的行动交流以及脱贫理念、政策的建构，为本土产业发展提供支撑，从而建构本土企业扶贫模式；三是为提升企业扶贫的积极性，加大企业减贫的多样化，青岛举办了东西部扶贫协作招商引资项目推介会，签订项目合作协议 1 项、产业框架协议 3 项。企业扶贫获得长足的发展，在减贫与发展各方面取得新成绩。

总而言之，关于百企帮百村的扶贫实践，成县获得以下几个方面成效：第一，针对特殊困难群众"难脱贫"的问题，组织开展了重点企业帮扶特殊困难人群精准脱贫专项行动，采取超常规措施，开展"点穴式"帮扶，动员企业帮助居住环境不达标的群众亮化房屋、硬化院落、添置生活用品、美化家庭环境，改善和提升生活质量。第二，督促帮扶企业采取提供就业岗位或引导其就近务工的方式，通过务工这一"短平快"途径增加群众收入；对无劳动能力的困难群众，由帮扶企业通过无偿配股，提前分红的方式，确保群众有稳定收入。截至 2018 年，全县重点企业共捐助现金和物资折合现金约 654.8 万元，有力促进了整县脱贫摘帽进程。第三，就联动东部企业扶贫而言，2018 年，青岛市城阳区为鸡峰镇长沟村、朝霞村落实帮扶资金 300 万元，已到位 170 万元，用于硬化村内道路及附属设施；在人才交流方面，青岛市城阳区选派 2 名县级领导到成县挂职，保税港区选派 3 名干部到西成经济开发区挂职，城阳区第一人民医院向成县人民医院派出了第一批医务支援者 2 人。基于百企帮百村的实践行动，成县日趋形成以"品牌化+规模化+普惠性"为导向的减贫原则，"行政推动+企业联动+农户参与"的减贫主体，"政企融合+商农互动+产研一体"的减贫路径。成县的探索为我国贫困地区企业扶贫提供借鉴。

成县在脱贫攻坚行动中体现百企帮百村的精神，主要体现在两个典型案例中。其中一个是企户结对认穷亲的事迹，成为成县在脱贫攻坚战中的特色。具体表现为：成县为完成脱贫摘帽目标，在落实"五个一批"基础上，针对"特殊困难人群"这个最难啃的硬骨头，充分调动社会力量参与脱贫攻坚，在全县开展"重点企业帮扶特殊人群精准脱贫专项行动"，组织发动企业与特殊困难群体结对帮扶，采取超常规措施，开展"点穴式"扶贫，形成了各方协同发力、多点合力攻坚的良好氛围。

成县审时度势，力争克服脱贫摘帽的难中之难。特殊困难人群恰恰是贫困人口中贫困程度最深、脱贫难度最大、返贫率最高的特殊困难群体，是贫中之贫、重中之重、坚中之坚，是脱贫路上最难啃的硬骨头。面对整县脱贫摘帽时间短、任务重的压力，这样一类因残、因病、因灾、因学、因意外事故等致贫的群体，他们缺乏劳动力、无技术、缺资金、居住环境不达标、生活条件差、收入来源少、自力更生能力差，故而成为影响和制约整县脱贫摘帽的最大短板，需要采取超常规措施、下大力气解决。正所谓"众人拾柴火焰高"，脱贫摘帽是全县最大的事，举全县之力、借势而为、借力而行、群策群力、合力攻坚。长期以来，成县企业秉持"乐善好施、扶危济困"的精神，坚持"饮水思源、回报社会"的原则，帮扶困难群体。因此，在成县县政府的引导和倡导下，企业参与到脱贫攻坚事业中。具体表现在：其一，成县县政府组织统战、工商、工信、住建等部门横向联动，对全县各类国有企业、股份制企业、招商引资企业、民营企业等生产经营状况进行全面调查摸底，共筛选确定各类经营状况好、社会责任心强的重点企业，倡导这类企业结对帮扶特殊困难群众。其二，通过微信、微博、电视、标语、发布倡议书等多种途径，营造"扶贫济困、企业参与、助推脱贫、回馈社会"的浓厚氛围，动之以情、晓之以理，向广大企业讲清讲透脱贫摘帽面临的困难和问题，激发企业荣辱与共、同舟共济的精神，引导企业积极承担扶贫工作的社会责任心，与县委、县政府形成政企合作的扶贫格局。

另一个典型的案例则是在百企帮百村行动中融情交心破困境的故

事。这为实现成县如期脱贫提供了内生的动力。为推进企业帮扶过程的精细化，快速实现贫困群体的脱贫致富目标，各类企业在成县展开了一系列行动。成县召开精准脱贫专项行动动员大会，各类企业发扬致富思源的传统美德，及时深入联系帮扶的特殊困难群体家中，了解家庭成员的情况、居住环境的状况、收入多少、孩子入学情况以及看病就医方面存在的困难，整合贫困类型、分析致贫原因。一方面，瞄准病根开处方，坚持因户施策、因人施策，针对每一个特殊困难群体存在的特殊困难，紧盯"两不愁三保障"标准、甘肃省精准脱贫验收标准及认定程序、人居环境改善提升标准，为特殊困难群体量身定制"帮扶方案"，确定帮扶措施，确保扶在点上、帮在根上。另一方面，扎下身子拔穷根，各重点企业坚持"主动参与、积极作为、尽其所能、力争成效"的原则，经常进村入户，采取各种有效手段，落地落实落细各类帮扶措施，用企业的责任、担当意识、实实在在的帮扶措施，携手县委、县政府共同攻坚克难。

在帮建房屋方面，使困难群体住有所居。对享受政策后仍无能力建房、缺乏生活设施的家庭，帮扶企业通过提供资金，帮助他们重建新房、维修加固旧房，使其有安全住房。对因病、因灾、因学无力粉刷入住新房的群体，出资为其粉刷亮化房屋、购置家具，确保他们住有所居，生活有保障。甘肃厂坝有色金属有限公司投资80万元，成县毕家山矿有限公司投资40万元，红川酒厂投资14.6万元，陇南华昌置业有限公司成县分公司投资12.7万元，兰州东晟房地产开发有限公司投资11.2万元，成县祁连山水泥有限公司投资9.9万元。

在就业帮扶方面，使困难群体劳有所得。帮扶企业通过捐赠鸡苗、猪仔、蜂箱，帮建塑料大棚等方式，为贫困群体提供就业平台；为推动贫困群体发展产业，帮扶企业帮助群众销售土特产品以增加收入，让其通过"自我造血"的方式彻底脱贫。甘肃白银公司厂坝矿为300户困难户捐赠鸡苗6000只，甘肃城昌建筑工程有限公司第九分公司为9户困难户捐赠蜂箱120个，成县野马河营养品开发有限公司为55户困难户捐赠鸡苗 100 只，成县鑫民农机专业合作社帮建塑料大棚 1 座。

在鳏寡孤独和留守人群家庭，对确实无劳动能力的，帮扶企业坚持以一带多、以小壮大的原则，通过为其无偿配股、提前分红的方式，确保这一群体有稳定收入、衣食无忧。成县鑫园农业有限责任公司为联系的 2 户困难户无偿配股 6 万元、定期分红，第一笔分红 2600 元已到账。

三、公益慈善探索全民参与扶贫新机制

公益慈善参与扶贫事业越来越受到政府和社会的重视，并在扶贫进程中发挥较大的作用。我国公益慈善参与扶贫在平台建设、模式开发、完善监管举措等方面已取得较大成效。①

（一）公益慈善参与扶贫的历程

慈善组织参与扶贫的历程深受我国扶贫开发和慈善事业发展历程的影响，也明显地反映了两者发展的阶段性特点。新中国成立后，政府贯彻生产自救方针，采取发放救济款资助生产和"以工代赈"等措施来保障贫困户的基本生活。1978 年以后，适应农村经济体制改革的形势，有组织、有计划地扶持贫困户从发展生产和商品经济入手，国家、集体力量和群众互助共同致富。1986 年开始，我国从上到下正式成立了专门扶贫机构，确定了开发式扶贫方针，确定了划分贫困县的标准，并于后期就贫困线和扶助范围进行了多次调整，实施了一系列大规模的扶贫开发政策。而慈善事业在新中国成立后至改革

---

① 廖建军：《公益慈善参与扶贫：成效、问题与对策——以广东省为例》，《理论探索》2014 年第 3 期。

开放前不具备生存土壤，一是因为当时虽然整体生活水平不高，但国家与集体为全体居民提供了相应的保障，同时贫富差距非常小，不存在慈善发展的社会基础；二是意识形态对慈善的污名化使得慈善文化也消解不存。

党的十一届三中全会之后慈善事业受到了更多的关注。20 世纪80 年代，中国少年儿童基金会、中国残疾人福利基金会、中国青少年发展基金会等一批慈善组织在政府部门主导下成立。1994 年，中华慈善总会成立，由此带动了各地慈善组织的出现，我国慈善事业重新起步。

21 世纪伊始，扶贫开发和慈善事业都进入了快速发展阶段。随着扶贫开发和慈善事业不断往前推进，扶贫开发的主体由政府向以政府为中心、社会与市场等多种力量共同参与治理转变，慈善组织随着慈善事业的壮大也逐渐羽翼丰满，经历了从参与扶贫被排斥、逐渐被接纳到被广泛接受的过程。2008 年的汶川大地震激发了社会各界的捐献热情，使政府与社会进一步认识到慈善组织参与救灾济贫的潜在力量和优势；2015 年精准扶贫顶层设计的出台，则为慈善组织提供了参与扶贫的环境与机遇。我国已构建了政府、社会、市场协同推进的大扶贫格局，形成了跨地区、跨部门、跨单位、全社会共同参与的多元主体的社会扶贫体系，慈善组织及其他各种慈善力量已成为贫困治理不可或缺的部分。

（二）公益慈善参与扶贫的合理性

慈善与贫困有着天然的联系，古今中外，慈善组织都是各国减贫事业中的重要力量之一。改革开放 40 多年来，中国 7 亿多贫困人口摆脱贫困，其中不能忽视慈善组织的贡献。从国际经验来看，各种各样的慈善组织可以通过各自的优势使扶贫精准到户。与政府的扶贫政策相比较，慈善组织的民间特性使其更能亲近民众，更容易获得准确的需求信息。同时，多样性的慈善项目和慈善组织的专业化服务也更灵活、更有针对性、更精准。

2015 年年底，《关于打赢脱贫攻坚战的决定》明确要求"采取超常规举措，拿出过硬办法、举全党全社会之力，坚决打赢脱贫攻坚战"；2016 年 9 月，《中华人民共和国慈善法》（以下简称《慈善法》）正式实施，为慈善事业规范发展提供了法律标杆。《慈善法》中对慈善组织的定义是"依法成立、符合本法规定，以面向社会开展慈善活动组织为宗旨的非营利性组织"，慈善组织的形式包括基金会、社会团体和社会服务机构等。在慈善组织可以开展的六类慈善活动中，扶贫、济困列为首位，《慈善法》还明确规定对扶贫济困的慈善活动实行特殊的优惠政策，这体现了国家政策导向。从此公益慈善组织参与扶贫具有合法性。

从 1981 年成立的国内首个基金会至今，公益慈善参与扶贫事业发展迅速，多数社会组织通过公益慈善直接参与了扶贫事业。1989 年 10 月由中国青少年发展基金会启动并组织实施的希望工程，资助中国农村贫困地区的失学儿童继续小学教育，改善贫困地区的办学条件，协助政府普及九年义务教育，成为我国 20 世纪 90 年代社会广泛参与、最富影响的民间社会公益事业。诸如此类的公益慈善组织参与扶贫事业的案例还有很多，民间慈善的力量也变得无处不在，无论直接捐赠资金，还是直接参与志愿服务，都充分发挥公益慈善参与扶贫济困的积极作用。

（三）公益慈善参与扶贫的成县实践

1. 联动各类慈善主体。一方面，成县积极争取本地企业的慈善捐赠，实施社会工作专业人才服务贫困地区计划和扶贫志愿者行动计划，如甘肃厂坝有色金属有限责任公司向城关镇和鸡峰镇分别捐助现金 7 万元和 14 万元，陇南华昌置业有限公司成县分公司向鸡峰镇捐款 20 万元，甘肃百帮万德房地产开发有限公司向城关镇捐资 15 万元，成县百昌矿业公司向沙坝镇捐款 12 万元，甘肃榕信房地产开发有限公司为小川镇捐款 10 万元。另一方面，成县支持城阳区社会工作机构、志愿服务组织、爱心人士、志愿者帮扶成县贫困村、贫困户、"三留守"人员等特殊群体，探索发展公益众筹扶贫，扩大帮扶覆盖面。2018 年，成县慈善协会积极与青岛城阳慈善会衔接，争取帮扶资金 30 万，充分发挥慈善组织在社会保障体系和社会医疗救助中的补充作用。通过联动本土的慈善捐赠主体，又外联东部地区的丰富资源，成县慈善多主体、多样化格局不断形成。

成县慈善协会成立于 2015 年，为贫困群众送去了多种多样的温暖，在困难群体中产生了较大的影响。成县慈善协会围绕"扶贫、济困、安老、助孤、助学、帮残"的慈善宗旨，致力于做到上为政府分忧、下为弱势群体解难，深入开展扶危济困、走访慰问活动，为弱势群体送去县委县政府的温暖和关心，送去爱心人士的问候及救助金，走访慰问活动获得受助群众的广泛称赞。

除了已经登记在册的公益主体，成县在基层社区也能够及时关注公益事业，解决贫困群体问题。成县 245 个行政村设立精准脱贫公益性岗位 3043 个。这些公益岗位主要是乡村道路护养管理员、环境卫生保洁员、治安协管员和矛盾纠纷调解员、生态护林员和地质灾害检测员。公益岗位人员由行政村统一管理，分工不分家，相互配合协调做好农村公益性工作，每个公益性岗位人员能够做好本职岗位的工作，由行政村组织负责搞好环境卫生、河道管理、公共设施管理、水电管理等相关工作。

根据文件规定，农村精准脱贫公益性岗位补贴每人每月 500 元，每年 6000 元，市级财政承担 1000 元，其余 5000 元在由省政府批准就业资金、省级就业扶贫专岗补贴、农村综合改革、可整合的扶贫资金、市县一般公共预算收入增量的 20%（列入预算）以及省、市、县各级财政列支的生态林、草原管护、农村公路护养、农村生活垃圾治理等涉农资金中统筹解决。在公益岗位指标的设定方面，各乡镇要根据行政村的实际情况，坚持"因村施策、因事设岗、以岗定人、按需定员、按户择业、服务脱贫"的原则，在充分考虑建档立卡贫困家庭劳动力数量、就业难易程度的基础上，结合各行政村公益性事业发展所需情况，设立精准脱贫公益性岗位职数指标。

根据成县相关文件的规定，乡村道路护养管理员 696 名、环境卫生保洁员 900 名、地质灾害预警员 467 名。公益性岗位的设定为实现 2018 年全县脱贫目标提供了重要的支撑。建立健全农村公益事业发展体制机制，把设立精准脱贫公益性岗位与环境卫生综合整治、安全维稳、生态环保、实施乡村振兴战略结合起来。建档立卡贫困户在公益性岗位就业，既解决了农村公益性事业的发展问题，又实现建档立卡贫困户稳定增收。这一政策成为创新公益慈善事业的重要表现。

2. 探寻特色公益慈善。通过设立公益岗位的方式，提高公益慈善的特色。成县把加强精准脱贫公益性岗位人员聘用与环境卫生综合整治、安全维稳、生态环保、实施乡村振兴战略结合起来，拓宽农村贫困家庭就业渠道，实现贫困人口稳定增收。

公益慈善组织参与贫困治理取得了一定的成绩。一方面表现在公益慈善行动丰富脱贫攻坚中的资金和服务资源，多年来，非公募基金会与其他慈善组织一起，动员大量的社会资源，开展众多扶贫类公益慈善项目，为推动我国慈善事业和减贫事业发展做出积极贡献。因此，参与扶贫的社会组织越来越多、参与扶贫的个体不断增加，无论在人力资源还是物资资本方面，都为实现脱贫目标提供了更多的可能性。另一方面表现在公益慈善组织的慈善服务领域涉及社会生活各个方面，涵盖了人类服务、医疗、扶贫、教科文体、社区发展与志愿服务等多个领域，呈现出由救助类向发展类拓展的趋势。[①] 第三方面表现在公益慈善行动推动了扶贫方式的创新，基础设施扶贫、产业扶

---

① 谢琼：《贫困治理：中国慈善组织的实践与发展》，《社会保障评论》2017 年第 4 期。

贫、金融扶贫、教育扶贫、健康扶贫等领域，公益慈善组织都有参与其中。通过在不同领域的扶贫行动，慈善组织通过自身优势，不断推动扶贫事业向更明确的方向发展。慈善组织运用"互联网+"助力脱贫攻坚，具有一定的灵活性、实时性，能够最快掌握贫困群体的需求，有针对性地采取扶贫行动，弥补政府主导的扶贫缺陷。

就志愿服务而言，成县团委在全县发布招募志愿者的公告，召集260余名志愿者，深入村社开展活动，帮助特殊困难人群240余次，为他们送去生活用具460余套；为听力障碍老人送去助听器60多个；为400多名孤寡老人、留守儿童、残障人士开展立法、健康体检等志愿活动；为偏远学校留守儿童送去台灯490余件、书籍290余本，从他们力所能及的点滴小事做起，帮助他们排忧解难，渡过难关。

贫困地区尤其是深度贫困地区的发展不仅需要内生动力的推动，还需要外部力量的支撑。东西部地区、公益慈善组织、市场主体，是与贫困地区的扶贫事业紧密联结的主体。东西部地区对贫困地区的反哺，协助贫困地区摆脱贫困成为我国脱贫攻坚的特色，公益慈善组织一直活跃于扶贫一线，为我国贫困地区和贫困人口提供了大量的支持，市场主体企业的发展离不开社会各个群体，企业参与减贫事业，为我国打赢脱贫攻坚战提供坚实的后盾。无论如何，在当下脱贫攻坚战的最后阶段，同心治贫的格局必然能够形成更有意义的贫困治理模式，为我国的脱贫攻坚事业提供更加厚重支撑，也为构建贫困治理共同体打下坚实的基础。

第七章

内外结合：激发脱贫攻坚动力

　　从"协同式贫困治理"角度看，精准扶贫作为一种社会行动，其行动主体是多元化的，应是政府、市场组织、社会组织、社会公众和贫困群体多主体合作的网络互动结构，这是治理理论运用到精准扶贫领域应形成的核心理念。推动贫困群体和贫困乡村的减贫发展绝不是靠一人之力可以完成的，而是需要多主体的合作努力方能完成。同时，要保证减贫效率和减贫质量的提升，防止返贫，防止扶贫政策和资源的空置和浪费，这些都需要多主体的合作。在这个有机体系之中，有一对非常重要的关系，就是包括政府在内的外部援助力量和贫困群体之间的关系。正确处理好外部援助和内源发展的关系，推动内外减贫力量的共识合作，才能确保贫困群体自我发展能力的提升，实现贫困群体主体能动性和外部扶贫政策的有效衔接。

　　成县曾作为属秦巴山区集中连片特困片区，是甘肃省 58 个集中连片贫困县之一。2013 年年底，全县有建档立卡贫困村 102 个，贫困人口 1.5 万户 5.58 万人，贫困发生率 25.47%。经过几年的艰苦奋斗，截至 2018 年年底，全县共退出贫困村 97 个，贫困户 1.49 万户 5.54 万人，剩余贫困村 7 个、贫困人口 251 户 847 人，贫困发生率降至 0.53%，贫困村退出比例达到 93.27%，群众认可度达到 99.82%。减贫成就的取得，有一个很重要的因素，就是充分协调了外部援助力量和贫困群体内生动力的关系，使得贫困群体有信心、有能力，也有足够的机会去实现长远发展。

一、扶志扶智提升脱贫攻坚内生动力

贫困人口的可持续发展能力，主要是指贫困人口具有自我脱贫与持续发展的能力。政府和社会可以通过外部物质资本的注入和贫困社区内部人力资本的培养，实现贫困人口的有效脱贫。贫困的核心特点是缺乏性，贫困村民表面缺乏的是物质资源、经济收入以及其他影响其生存和发展的直接手段，实质上缺乏的是获得与应用各种社会资源的能力，以及促进其脱贫致富的发展机会。

扶志和扶智的结合，是开发贫困群众潜能、提高贫困群众能力和有效摆脱贫困代际传递的重要途径。通过各种方式，改变贫困群体固有的福利依赖思维和发展各种层次、各种类型的教育，是解决贫困人口内生动力不足的治本之策。志和智就是内力、内因，没有内生动力，仅靠外部帮扶，帮扶再多，也不能从根本上解决贫困问题。成县注重从宏观制度设计和微观社区减贫实践两个层面，为"扶志扶智"做好发展规划，并协调多主体共同介入，促进贫困群体内生动力的养成与持续。

（一）"扶志扶智"的宏观制度设计

贫困人口发展的内生动力，既包含贫困人口脱贫致富的自主性和积极性，也包括贫困人口自身拥有的，对减贫发展起推动作用的人力资本和社会资本等要素。培养贫困人口精准脱贫的内生动力，实际上是内源式发展理念的现实应用。它强调自力更生和发展过程的本地主导，但不排除与外部的互动合作，注重整合各类社会资源，实现本地社会动员，确保发展效益的本地所得。在具体的扶贫方式上，既重视外部的支持，也注重充分发挥地方性知识和本地社区、人群的主体地位，强调资源开发与环境保护相结合，注重可持续性的发展过程。[①]它特别强调赋予贫困人口以自主选择和行动的权利，注重让贫困人口全面参与到扶贫项目的规划、实施、监测和评估过程之中。成县深刻认识到脱贫攻坚任务的艰巨性、重要性与紧迫性，以共享发展的政策理念为基础，确保贫困地区和贫困群众早日脱贫。为有效解决贫困问题，按照多主体扶助，内外结合的行动逻辑，成县从贫困群体"内部主动脱贫素养的养成"和"外部生存发展环境的改善"两部分对"扶志扶智"进行了制度设计和推广。

表 2　成县内外结合减贫的主要内容

贫困群体内部主动脱贫素养培育		社区外部生存发展环境改善	
主要层面	扶持方式	主要层面	扶持方式
精神层面	宣传引导、教育扶贫	社区基础环境	"拆改化"政策执行
身体层面	医疗保险、医疗救助	社区家庭环境	"一户一策"、典型引领、志愿服务
技术层面	种养殖培训、电商培训	社区文化环境	乡风文明建设

具体而言，一是制定了系统的扶贫政策，为贫困群体减贫脱贫提供政策依据。精准扶贫本质上是以国家行政力量为主导的减贫行动，具有鲜明的政策导向性，所以任何一项扶贫行动的开展都有赖于相关政策的制定和引导。成县从宣传动员、教育帮扶、健康扶贫、技术培训、就业扶持、生态建设、环境治理等各方面制定了相应的政策文件。比如《关于深入推进精准扶贫工作的实施意见》《成县脱贫攻坚实施方案》《成县精准扶贫教育支持计划实施方案》《成县新时代文明实践中心建设方案》《成县"精神扶贫"工作实施方案》《建档立卡贫困村脱贫方案计划》《成县"一拆三改两化"活动实施方案》

---

① 黄承伟、覃志敏：《我国内源式扶贫：理论基础与实施机制》，《中国农村研究》2015 年第 5 期。

《关于做好全县精准扶贫新农合报销工作的通知》《成县大病专项救治工作实施方案》《成县精准脱贫公益性岗位人员聘用实施方案》《选派到村任职第一书记和驻村帮扶队管理办法》《成县支持贫困户发展"五小"产业实施方案》《关于培育壮大特色产业助推脱贫攻坚的实施意见》《成县产业扶贫"三带一扶"奖补办法》等，通过这些政策文件，给予贫困群众足够的物质帮扶、产业扶持、精神鼓励和文化引导，推动贫困群体社会支持网络的建立和维系。

二是在设计减贫政策的基础上，成县注重做好减贫的政策宣传和价值引导。由县委宣传部、县委讲师组、县委党校、县网信办牵头，县政府办，县直各部门、各单位、各乡镇党委政府负责。以全县社科理论战线各方面宣讲人才特别是党校、讲师组系统力量为骨干，动员组织全县各级各部门脱贫攻坚帮扶单位干部，充分吸纳乡镇干部、大学生村官基层干部参与，县、乡、村三级联动，开展各种形式的宣讲。

三是在精准扶贫工作中，把物质扶贫与精神扶贫同部署、同实施。为了解决困难群众安于现状、不求进取和发展信心不足的精神状态，根据"扶志为先、扶智为本"的指导思想，成县各级领导干部带头深入贫困村和困难群众中开展调研，掌握实情，把准贫困问题及产生的原因，制定更具针对性的减贫策略。通过召开县委常委会、四大班子联席会、工作推进会等，专题对精神扶贫工作进行研究部署，制定工作方案、成立领导小组、组建微信工作群，按照各部门根据各自特点和职能各司其职，各负其责，全力开展精神扶贫工作。

四是注重联合企业、社会组织等扶贫主体，一起激发贫困群体的内生动力。反贫困作为一种社会行动，其行动主体是多元化的。在反贫困领域中，任何一个治理主体都没有充足的知识和资源来独自解决所有问题，只有彼此依赖与协调合作，并采用不同的治理方法才能更好地解决贫困问题。这就要求权力主体与权力实现的手段必须走向多样化，必须由单一转向复合，既要有政府通过行政手段为贫困人口提供公共产品和服务，也应有市场化组织通过市场化手段提供公共产品和服务，还要有社会组织通过社会动员的方式为贫困人口提供公共产品和服务。各种社会力量的有效参与可以丰富农村反贫困资源，使社会弱势群体的群体利益得到有效保护，也可以提升农村反贫困的整体性和灵活性。在企业方面，成县注重做好企户结亲携手脱贫。针对剩余贫困人口及特殊困难群体不能按时或稳定脱贫的特殊情况，在全县开展了重点企业帮扶特殊困难群体专项行动，组织全县 127 家重点企业与 876 户 2402 人特殊困难群体结对开展帮扶。帮扶企业捐助现金和物资累计折合 714.1 万元，采取帮建房屋、改善环境、吸收务工、送病就医、培育产业、配股分红、爱心捐赠、以奖代补等方式进行帮扶，激发贫困人口内生动力，确保了特殊困难人群实现持续增收，稳定脱贫。在社会组织方面，成县注重创新完善人人皆愿为、人人皆可为、人人皆能为的社会扶贫参与机制，通过各类企业、民间慈善机构、爱心团体、网络众筹等平台，大力倡导志愿服务，组织公益募捐、走访慰问等方式，为特困学生、留守儿童、残疾人、留守老人等特殊困难群众排忧解难。比如成县团委组织志愿者深入特殊困难家庭中开展志愿活动，引导困难户主动积极地营造良好的家庭卫生环境和精神风貌，通过把好的典型给树立起来，对差的进行教育引导，从问题着手开展持续性的志愿扶贫工作。

（二）"扶志扶智"的微观减贫实践

要实现外部援助和内源发展的有效衔接，需要正视在减贫发展领域的两种现象。一是福利依赖，它假设社会救助会影响受助者的行为，强调受救助者对外部政策支持和物质扶持的依赖性。主要表现为有劳动能力，但不愿意，也不积极寻找工作、谋求发展，只依靠外部扶助的生存状态。福利依赖源于西方福利国家的高福利制度，是西方发达国家一直在解决的社会问题之一，它会侵蚀人们自我支持的动力，还会培养甚至加重底层心态，从而孤立和污名化福利接受者。[1]
二是贫困代际传递，是指贫困及导致贫困的相关条件和因素，在家庭
内部由父母传递给子女，使子女在成年后重复父母的境遇，继承父母
的贫困和不利因素并将贫困和不利因素传递给后代的恶性传递链；也
指在一定的社区或阶层范围内，贫困以及导致贫困的相关条件和因素
在代际之间延续，使后代重复前代的贫困境遇。[2] 这两种现象与贫困
群体自身的主体能动性、贫困家庭和社区的发展文化以及社会福利政
策的设置紧密相关，需要采取系统性的解决策略。

　　成县深刻认识到"福利依赖"和"贫困代际传递"问题的重要
性，并在强化教育培训、创新工作载体、加强典型带动和开展驻村帮
扶等方面做了卓有成效的工作。一是强化教育培训，引导群众"愿
脱贫"。县委宣传部牵头，强化"扶贫先扶志"意识，广泛开展公民
思想道德教育，开展群众喜闻乐见的文化活动，丰富群众精神文化生
活，帮助贫困群众树立正确的荣辱观、价值观，消除"等靠要"的
消极思想，根除以贫为荣、以一夜暴富为荣、以哭穷喊穷为荣的落后
观念。开展精神扶贫宣讲征文活动，编写《精神的力量》宣讲手册。
组织动员各级帮扶干部、大学生村官、第一书记为群众面对面开展宣
讲培训，提高贫困群众政策知晓率，增强脱贫的思想动力。采取传统
媒体与新媒体相结合的方式，多途径、多形式对精准扶贫政策，以贫
困农户自力更生、自强不息、改变命运的典型进行宣传报道，在全县
上下营造依靠自身力量改变贫穷落后面貌的浓厚氛围。大力倡导婚丧
简办、勤俭节约等农村新风尚，引导广大群众破除农村婚嫁高额彩礼
的陈规陋习，举办大型传统文化教育公益讲座。组织开展"抵制高
价彩礼、倡导婚恋新风"大篷车文艺演出活动。县委宣传部组织县

---

[1] 韩克庆、郭瑜：《"福利依赖"是否存在？——中国城市低保制度的一个实证研究》，《社会学研究》2012 年第 2 期。
[2] 林闽钢、陶鹏：《中国贫困治理三十年回顾与前瞻》，《甘肃行政学院学报》2008 年第 6 期。

文联、文体、卫计、妇联、县医院深入贫困村索池镇王湾村开展送文化、送科技、送卫生和以"精神脱贫"为目的，以培育和践行社会主义核心价值观为工作主线，以建设美丽乡村为载体，深化文明村镇、五星级文明户创建活动。把"扶志"和"扶智"相结合，找准贫困问题和原因，教育、引导贫困群众树立勤劳节俭、自立自强、不甘贫困的意识。

二是创新工作载体，支撑群众"能脱贫"。成县通过扎实推进教育扶贫工作，全面落实教育脱贫资助、补助和贷款政策，完善教育资助方式，实现贫困学生教育资助全覆盖，从根本上阻断贫困代际传递，促进群众文化素质的提升。深入开展健康扶贫，全面落实贫困人口参加新农合优惠政策、建档立卡贫困人口住院报销提标补助政策、建档立卡贫困人口大病保险政策，实行医疗救助"一站式"结算制度，推进贫困乡村医疗卫生保障水平的提高，杜绝小病不就医的现象和搞封建迷信的不良习俗。推进文化扶贫，完善农村公共文化服务设施建设，扎实实施"贫困地区百县万村综合文化服务中心示范工程"建设项目，全县 245 个行政村实现了文化广场全覆盖，乡村舞台、农家书屋、文化体育、广播电视等设施逐渐完善。以丰富群众文化生活为载体，开展文化科技卫生"三下乡"、送欢乐下基层、文化进万家、农村电影放映等各类文化活动，以优秀作品和健康有益的文化活动感召人、教育人，激发群众"人穷志不穷"的干事创业热情。扎实推进全域无垃圾农村环境综合整治工作，进一步改善农村脏、乱、差的面貌，教育引导群众讲究卫生，养成良好的生产生活习惯，提升了农村群众幸福感。

三是开展驻村帮扶，精准帮扶"助脱贫"。成县修订了《中共成县县委宣传部驻村帮扶工作实施方案》《成县精准扶贫宣传实施方案》，建立了《县委宣传部精准扶贫精准脱贫突出问题整改台账》，制定了《建档立卡贫困村脱贫方案计划》和《贫困户精准脱贫方案计划》。为帮扶工作队采购配置了电视、冰箱、计算机、打印机等办公生活用品，进一步加强了与村级组织的沟通和衔接，促进了各项帮扶措施的落实。为精准扶贫帮扶工作顺利实施提供了强有力保障。帮扶干部深入贫困户，在充分摸清帮扶村和帮扶户发展底子的基础上，完善了"一户一策"帮扶计划，确立了以精准扶贫载体，以增加农民收入，帮助建档立卡户脱贫致富为核心，大力发展核桃树栽植管护、中药材种植、特色养殖等主导产业，通过农村实用技术培训和外出务工专业培训，提高了建档立卡贫困户的自主发展能力。全年驻村入户 28 人 650 多次，宣讲政策 400 场次。在王湾村积极开展"我为老乡送张全家福"活动，共计为全村群众拍摄全家福 300 余张。制作宣传扇子 1000 余把，引导贫困户做好环境卫生清理，奖励水壶 270 个，纸杯 2000 余个，从而进一步激发了困难群众脱贫致富的内生动力。

二、精神扶贫营造脱贫攻坚文化氛围

思想是行为的先导，精准扶贫行动的有效实施也有赖于互助共济、好学向上等优秀文化理念的引导。贫困不仅仅表现为物质上的困顿，也表现为精神上的匮乏。精神贫困是一种经济或非经济性的制约因素造成的个人、家庭或群体在思想道德素质、心理状态、价值观念、思维习惯和行动方式等方面落后于社会主流精神水平，以致自身自由发展所需的精神需求不能被满足的生存状态。[①] 物质贫困与精神贫困之间有着相互关联，互相影响的内在逻辑关系。一方面，物质贫困对贫困人群的精神状态起着制约作用。古语有云"人穷志短"，缺

---

① 黄颖：《摆脱"精神的贫困"——新时期贫困者精神脱贫的思考》，《法制与社会》2012年第 33 期。

少必要的物质基础，限制了贫困人群的生存意识、生活态度、价值观念和行为模式等，以致贫困人群落入"贫困亚文化"的陷阱，无法自拔。另一方面，精神上的贫困限制了贫困人群改变现状的行动，贫困人群缺少改变现状的内在动力，缺少自我发展的意识，无法摆脱物质上的贫困状态。因而，在解决物质贫困问题的同时，要更加关注精神贫困。

（一）加强宣传引导，塑造良好的减贫文化

观念是行动的先导，树立了正确的观念，贫困群众的思想才能更解放，眼界才会更开阔，脱贫致富的信心才会更饱满。成县在注重产业扶贫的同时，又狠抓贫困群众的思想和科学文化素质和致富技能的提升，把办好事、办实事与抓观念、抓思路结合起来。收集整理了精神扶贫宣讲稿，并编印成册，发放到乡镇和村社，并组织职能部门业务骨干深入贫困村、走到困难群众中间面对面开展宣讲培训。联乡联村领导、帮扶单位负责人、帮扶工作队队员、驻村干部、村社干部，以及普通基层党员、群众义务宣讲员等以不同的形式开展思想教育，对党的理论、惠民政策、法律法规、农业技术等方面开展宣传教育培训，教育引导群众不因贫困而气馁，激励贫困群众突出"贫困"这个重围的信心和决心。采取传统媒体与新媒体相结合的方式，多途径、多形式对精准扶贫政策，以及贫困农户自力更生、自强不息、改变命运的典型进行宣传报道，在全县上下营造依靠自身力量改变贫穷落后面貌的浓厚舆论氛围。发动宣传、妇联、团委、文化等部门广泛参与精神扶贫，采取深入乡村开展孝老敬亲、知恩感恩主题教育宣讲活动，举办各类文化惠民活动，在村文化阵地和乡村道路两旁制作脱贫攻坚宣传栏等群众喜闻乐见、易于接受的方式，通过道德宣讲、舆论宣传、文化熏陶、奋斗意识灌输，引导贫困户摒弃"等靠要"思想，提振脱贫信心，增强自我发展能力。

（二）整合社会力量，改善农村公共文化设施

成县始终坚持一手抓物质扶贫，一手抓精神扶贫，扶贫与扶智双管齐下。乡镇、县直有关部门、群团组织、社会团体和公益团队等都结合自己的职能职责和工作特点，有针对性地开展精神扶贫系列行动。成县坚持推进文化补短板，突出均等化、标准化，统筹资源，加快推进贫困乡村文化扶贫，改善文化基础设施，加大基层综合性文化服务中心建设力度，丰富村史馆、农耕博物馆、文化广场等的内容建设，努力完善乡村公共文化服务体系。扎实实施"贫困地区百县万村综合文化服务中心示范工程"建设项目，村村都建起了文化广场、乡村舞台、农家书屋、多功能活动室等，文化体育、广播电视、图书报刊等设施逐渐完善，群众活动场所和活动形式也日趋丰富多彩。县文体部门组建了"精神扶贫"演出小分队，创排了具有地方特色的小品、戏曲、歌舞、快板等节目，分赴贫困村开展巡回演出。在农村党员干部中开展以"察民情、解民忧，结穷亲、送温暖，帮致富、奔小康"为主要内容的"一帮一"小康工程，切实为困难群众办实事，办好事，顺人意，暖民心。组织全县文艺工作者开展"脱贫攻坚在路上"主题文艺采风活动，并创作出了一批反映精准扶贫精准脱贫的文艺作品。开展"扫黄打非"进基层，法律直通车行动，法制进农村、进校园、进农户活动。组织开展全民阅读、"3.5"学雷锋日等主题活动，关爱"留守儿童""空巢老人"等困难群众，开展物资慰问、救助和精神鼓励，提高贫困群体主动脱贫的动力。

（三）推动典型示范，发挥减贫的榜样作用

成县注重创新村干部培养选拔机制，打破城乡、地域和行业界限，从致富能手、农民经纪人、外出务工返乡农民党员等人群中选拔

优秀人才担任贫困村的村党支部书记，建设坚强有力的领导班子。积极选派第一书记到贫困村任职，深入开展服务型党组织创建活动，强化贫困地区农村基层组织服务功能。引导社会力量参与培育致富带头人，强化农业技术培训和金融扶持，鼓励农民创业，开展贫困村创业致富带头人、扶贫干部专题培训，加强对贫困家庭劳动力技能培训和转移就业服务，提升贫困人口的脱贫能力。同时，成县通过树立脱贫典型、致富能手等形式，激发贫困群体脱贫的主体意识，塑造贫困群体对生活环境的新印象，让贫困群众在心理上更加富有"安全感"，让贫困群众形成"自助"和"自决"能力，点燃其生活的希望。全县各级文明单位充分发挥示范带动作用，将"双百携手共建文明"城乡文明共建主题活动与精准扶贫工作相结合，广泛开展文明共建、文化共享"结对子、种文化"活动。全县共创评挂牌"五星级文明户"4600多户，累计评选各级各类文明单位242个。以家庭、家教、家风建设为重点，做好文明家庭创建工作，开展了"做文明有礼的成县人""最美家庭""孝老敬亲""好儿媳、好婆婆""脱贫致富能人""美德少年"等评选活动，分别给予物质奖励和精神鼓舞。通过典型的引领表率作用，激励更多的贫困群众增强自我发展的信心和动力。制定出台《成县建档立卡贫困户脱贫表彰奖励暂行办法》，先后发放364.72万元对4553户脱贫户进行脱贫奖励。通过在全县范围内积极挖掘脱贫致富和返乡创业的优秀青年，结合脱贫攻坚中涌现出的典型事例，拍摄专题片，让广大干部群众直观清晰地感受到家乡这片热土通过近几年精准扶贫行动发生的翻天覆地的变化，帮助贫困群众树立战胜困难、摆脱困境的信心和斗志，为助推全县脱贫摘帽营造良好社会环境。

（四）制定村规民约，实现减贫的社区自治

贫困农村有一套既定的行动规则、风俗、认知和行为习惯，贫困村民在社区之中长期生存、发展出来的本土知识和经验是抗击各种社

会风险的重要保障，精准扶贫工作重视贫困区域的地方性发展特征，在保留深度贫困地区原来社会文化的同时，更好地与现代市场经济发展相互衔接、相互结合。精准扶贫肯定并拓宽贫困群体独特的发展知识和经验，并且引导贫困群体自主地利用和建设社区，把外部先进的发展理念和贫困群体自身的本土智慧结合起来，充分利用互联网等现代信息平台，培育特色农产品，发展特色文化产业，激活了贫困地区的内生动力。成县通过组建扶贫互助组织，通过乡村互助、团结发展的方法，激发社区内在活力及向心力，通过有机合力的作用解决贫困问题。通过扶贫资金的注入，组织围绕扶贫工作的集体活动，在集体活动中增进贫困户的参与能力、分析能力、判断能力，促进其独立走向由市场，规避因扶贫项目撤出或者市场的自发性、盲目性和滞后性带来的各种风险。同时，成县注重加强村民自治化管理。各乡镇结合各村实际修改完善村规民约，对村民行为进行规范。县文明办、团县委精心创作了"成县村规民约七字歌"，引导群众更新生活理念、加强自我约束、革除陈规陋习，共树文明新风。

（五）坚持因人施教，确保减贫的持续有效

贫困群体的社会心理状态对贫困群体的发展有着至关重要的作用，积极进取、努力向上的心理状态，能够赋予贫困群体减贫发展的动力，让其有足够的心理承受能力和应变能力，应对各种因贫困产生的社会风险。扶贫中不是紧盯着贫困群体的问题，而是专注并相信贫困群体自身具备一定的能力和优势，积极激励、培育、支持、协助、激发、释放贫困群体的内在优势和潜质，鼓励贫困群体用自身力量解决问题。成县在精神扶贫过程中，注重因人施教督促，对家境贫寒、动力不足的群众，通过扶持引导发展产业、外出务工的方式帮助其通过自身勤劳奋斗增收致富；对一味索取、不知足、不感恩的群众，加强教育引导和法制宣传；对好吃懒做、不愿发展的贫困群众，加强思

想惩戒和引导帮带，督促积极主动脱贫。

三、技能储备奠定脱贫攻坚智力根基

帮助贫困群体自强自信，树立人生目标、提升认知能力，摆脱"人穷志短"的困境，重点就在于变授人以鱼为授人以渔，让其掌握生产生活的技能，拥有就业创业的机会和平台。成县在积极发展教育事业，阻断贫困代际传递的基础之上，注重根据贫困群体的主体特征，量身制定针对性强的扶贫项目，因地制宜开展各种培训活动，加大各类别各群体的技能教育，培养贫困群众的生存和发展技能，进一步提升其获取社会资源的动力和能力。

（一）实施教育保障，阻断贫困代际传递

为了改变贫困地区的贫困文化，提高贫困群体内生发展动力。成县不断加大教育投入，全力抓"控辍保学"，全面落实各学段资助政策，巩固义务教育均衡成果，不断改善贫困乡镇和贫困村义务教育办学条件，最大化减少因学返贫，促进教育公平，阻断贫困代际传递。成县累计投资 2.4 亿元，建成各级各类学校 186 个，累计落实教育扶贫补助资金 3763 万元，落实农村义务教育学生营养改善计划 5206 万元，落实农村寄宿生生活补助 2192 万元，促进群众文化素质的提升。一是改善校舍环境，近年来，成县积极实施薄弱学校改造项目，全面改善了农村义务教育阶段薄弱学校的办学条件，为各乡镇薄弱学校建成了教学楼、学生宿舍楼、学生食堂、厕所、围墙、大门和操场等基础设施；按标准配齐了课桌凳，装备了实验室和计算机教室，满足了教育教学和学生的寄宿需求。二是做好"控辍保学"工作。全县共

有义务教育阶段适龄人口 29341 人，在义务教育阶段就读 25288 人，学前教育阶段就读 1269 人，接受完义务教育 2676 人，因贫失学辍学 0 人。三是做好学前教育、普通高中、中职教育、高等教育的资助政策落实工作。给全县所有城乡义务教育阶段学校学生免除了学杂费、免费提供了教科书，向全县城乡义务教育阶段家庭经济困难寄宿生，给予小学每人每年 1000 元、初中每人每年 1250 元的生活补助。2018 年共有 10043 人次享受了城乡义务教育阶段家庭经济困难寄宿生生活补助 555.76 万元，其中建档立卡贫困家庭学生 5562 人次。2018 年，成县按照省教育厅的统一要求，对全县建档立卡贫困家庭各学段学生建立健全了"一生一办法"台账。四是做好"营养改善计划"政策。对所有农村义务教育阶段适龄学生提供营养膳食补助。补助标准为每生每天 4 元，全年按学生在校时间 200 天计算，每生每年 800 元，学校按标准进行实名制供餐。2018 年共有 38018 人次享受了农村义务教育阶段营养餐政策，受助资金 1425.88 万元。

（二）开展技术培训，提升群众发展能力

为提高贫困群体的生产技能，成县大力推进农业科技扶贫促进工程，实施农村实用人才培养、新型职业农民培育，提升综合技能，真正实现由被动"输血"向主动"造血"的转变。组织科技界、社科界专家学者，深入贫困乡村，组织实施好"三变"改革知识培训和农村专业合作社、公益性岗位的技能培训、县委组织部组织实施了深度贫困村村两委班子和驻村帮扶工作队干部专题培训。县农牧部门组织村级动物防疫员、农机经营主体负责人、种养殖专业合作社负责人、农药经营等新型职业农民培训，发放种养殖技术资料，技术培训光盘。制定《成县建档立卡贫困户一户一个"科技明白人"全覆盖培训方案》，实施贫困户一户一个"科技明白人"全覆盖培训。做大做强一导（核桃）六区域（中药材、养殖、蔬菜、鲜果、烤烟、蚕

桑）等特色产业体系的培训。开展实用技术、家庭技能公益性培训。结合非物质文化遗产传承人"传帮带"等工作，组织适龄妇女进行传统手工艺培训，增强创新创业意识。编印发放农业科技、农业管理、科普知识类读物资料，帮助每一个贫困家庭至少有一人掌握一项种养、加工或服务使用技能，增强农民自主脱贫能力；率先在鸡峰、二郎两个特困片区筹建完成乡、村社会科学精神扶贫科普基地，组织专家学者经常性地进村入户，帮助贫困村、贫困家庭查找问题、分析意愿、寻找路子、发展产业。

表3　成县贫困群体技能储备主要内容

培训范围	培训内容
政策法规	扶贫政策、"三变改革"知识、科普知识
管理运营	合作社管理、公益性岗位管理、扶贫车间、东西协作务工
技术能力	种养殖技术、家庭技能、传统手工艺、育婴、农产品深加工、电商网络

通过培训，引导和带动贫困户劳动力由"苦力型"向"技能型"转变，进一步提升了建档立卡劳动力致富"造血"功能。针对有创业意愿、具有一定创业能力的未就业大学生、返乡农民工、下岗失业人员等组织开展了2期创业培训班，共培训278人，使他们掌握创业技能和经营管理知识，带动更多人就业创业。根据东西部扶贫协作劳务技能培训相关要求，经与青岛市城阳区人社局协商，成县组织实施了为期10天的育婴师培训班，共培训妇女劳动力42人（其中建档立卡劳动力21人）。建设"扶贫车间"，2018年全县建设"扶贫车间"19家，共吸纳建档立卡贫困户直接就业597人，其中建档立卡贫困户劳动力346人，人均月工资达到1200元以上，帮扶带动贫困户1791户发展中药材种植、核桃等农特产品精深加工等产业。贫困群众在车间工作和产业发展中，不断提升了自身的劳动技能。同时，围绕加强电商人才孵化，依托陇南电子商务职业学院、陇南电商培训中

心、陇南电商双创孵化培训中心等培训机构，2018 年共开展各类电商业务技能培训 33 期 3620 人次。发挥好电商扶贫的独特优势作用，普及和推介电商知识，帮助联系贫困户开办网店，免费提供市场信息，形成了"一店带一户""一店带多户""一店带一村""一店带多村"的网店带贫模式。

（三）坚持"一户一策"，满足家庭多元需求

贫困往往源自教育匮乏、自然环境恶劣、病患等，虽然这些贫困家庭和人口整体处于无权状态，缺乏自我发展能力，对脱离贫困和享受公共服务有着普遍的基本诉求。但因地域不同、群体不同、家庭结构不同、个人能力不同，又有着差异化的具体需求①。所以，扶助者必须从贫困群体的类别和需求角度设置扶贫政策，规划扶贫项目。成县按照缺什么补什么的"问需式"原则，重点突出基本情况、致贫原因分析、脱贫增收措施、脱贫保障帮扶措施、收入情况，按照要求制定了 4743 户贫困户"一户一策"精准脱贫计划，并上传到全省大数据信息平台。按照全省脱贫攻坚推进会议安排，对贫困户"一户一策"精准脱贫计划进行再对接完善，采用增加附页，强化动态跟踪和完善管理，及时调整补救增收措施。县上整合涉农资金 1.79 亿元，坚持 70% 的资金安排到到户项目，到户项目 70% 资金安排到"一户一策"及"三变"改革产业发展项目。按照每户贫困户配置产业金额达到 2 万元的标准，每户配置猪、牛、羊、鸡，并对贫困户进行配置分红。确保了"一户一策"精准脱贫计划全部落实到位，贫困户能够持续增收，如期实现稳定脱贫。同时，为深入推进产业扶贫，强化扶持引导，充分调动建档立卡贫困户自主发展产业，积极鼓

---

① 程萍：《社会工作介入农村精准扶贫：阿马蒂亚·森的赋权增能视角》，《社会工作》2016 年第 5 期。

励支持农业经营主体带动建档立卡贫困户发展产业，成县按照"三带一扶"（即农业龙头企业、专合组织、电商企业带动建档立卡贫困户，扶持建档立卡贫困户自主发展产业）的产业扶贫总体思路，整合省市下达的各类财政扶贫专项和涉农产业项目资金，统筹县级财政年度预算的扶贫专项和产业奖补资金，对自主发展增收产业的建档立卡贫困户进行奖励，对与建档立卡贫困户建立了稳定持续利益联结带贫增收机制的经营主体进行奖励，激发贫困人口减贫发展的内生动力。

四、外塑形象挖掘脱贫攻坚发展潜力

改善农村社区的人居环境、医疗环境、文化环境和治理环境，是建设社会主义新农村的重要内容，关系农民安居乐业、农村社会和谐稳定。通过改善农村整体环境，推进基础设施和公共服务设施的建设和完善，可以改变留在"脏乱差"环境中的"等靠要"思想，改变落后的生活方式以及对党的好政策的疑虑，培育群众维护舒适环境的公德意识、共建美丽家园的协作精神、追求幸福生活的价值取向，破解了制约贫困的无形枷锁，增强贫困群体的内生动力，实现内外结合，协力减贫。

（一）践行"拆改化"政策，改善社区人居环境

2008 年以来，成县经过"5·12""8·12"灾后重建维修、危房改造、易地扶贫搬迁等一系列住房扶持政策落实，农村群众住房条件发生了根本改变。但由于长期存在的"建新不拆危（旧）"和"搬了新房留危房"的习惯，导致大量危房和残垣断壁残留，不仅影响

村容户貌和群众生活质量，还占用了大量土地，影响成县的对外形象。面对格格不入的脏乱差环境、细之又细的贫困村退出验收标准和急之又急的脱贫时限，改善人居环境迫在眉睫、势在必行、刻不容缓。基于对整县脱贫摘帽严峻形势的敏锐把握和对农村人居环境"脏乱差"现状的清醒洞察，从2018年年初开始，成县把"一拆三改两化"专项行动（拆除危旧房、改厕、改灶、改圈、硬化小巷道、美化庭院和净化室内环境）作为实现整县脱贫的第一场硬仗，强力推进并取得了明显成效。通过反复研判，制定出台了《关于全力助推脱贫攻坚扎实开展"一拆三改两化"活动的实施方案》，做到任务、责任、步骤、时限"四明确"，在全县245个村全面开展拆危治乱，整个过程"起势快、力度大、效率高"，按下了成县高质量发展的"快进键"。成县各乡镇、各部门坚持"一户一策、一房一档、一处不留、应拆尽拆"，纵横联动，集群攻坚。县委、县政府用政务微信群督促调度，实时直播进展，落实以奖代补资金677万元，累计拆除危旧房6054户16539间，拆除残垣断壁14311.7米，拆除废弃烤烟房160座，全面彻底消除了农村危旧房和残垣断壁，解决了困扰农村面貌的大难题，全县农村面貌发生了根本性改变，消除了视觉贫困，同时通过拆除危旧房平整复垦土地3030亩，使得村容村貌由旧到新大变样。

成县坚持把基础设施作为扶贫开发的先决条件，整合筹措5.5亿元资金，全力补齐补强县、乡、村基础设施和公共服务短板，全县贫困村基本实现了水、电、路、房、网、党群服务中心、卫生室、广场、幼儿园、电商服务点、金融服务点、专业合作社、互助协会"13个全覆盖"。制定下发了《成县深入学习浙江"千村示范、万村整治"工程经验全面扎实推进农村人居环境整治工作的实施意见》及配套的"三大革命"、"六大行动"、农村人居环境整治工作"1+9"政策文件。启动了农村"厕所革命"、"风貌革命"、141个非贫困村小巷道及庭院硬化活动等，有效改善了农村人居环境。

在"一拆三改两化"专项行动之中，成县组织动员群众对拆后地块进行复垦，种植玉米、蔬菜等作物，利用拆后的旧砖瓦、旧木材修建小花园、小菜园、小景观，既美化了人居环境，又发展了庭院经济，增加了群众收入。同时，在乡村道路两侧栽植绿化树，播撒花卉籽，美化人居环境。二郎、纸坊、苏元等乡镇因地制宜，就地取材，依托当地资源优势，修建竹篱笆小花园、小菜园，宋坪乡在乡村道路两侧栽植马莲、景观树 40 余公里，绿化美化了人居环境，节约了建设成本。同时，成县采取政府补助、群众投工投劳的方式，对村庄小巷道、群众庭院实行改造硬化，按照"七净一整齐"标准督促指导群众美化净化室内环境，整治乱堆乱放乱倒的陈规陋习，提高居住舒适度，使户容户貌由里到外全净化，提高了生活质量。

成县通过拆除危旧房，拆出了"增收田"。对拆除后的原址地块，因地制宜开发利用，能复垦的及时复垦，并结合城乡建设用地增减挂钩工作，进一步盘活存量建设用地，全县恢复耕地 3730 亩，新增建设用地指标 1362 亩。对具有保留价值、能彰显乡村特色、传承乡村文脉的古民居、祖屋等进行修缮维护，留住了乡愁。拆除了阻碍邻里团结的"隔离带"，拆出了"一团和气"。在对好多群众因地界纠纷、产权争议长期搁置的"危旧房"一座不留应拆尽拆的过程中，协调化解了一桩桩积怨多年的邻里纠纷，促进了和谐稳定。总之，"一拆三改两化"政策为贫困群体塑造了良好的生存发展环境，提升了村民脱贫发展的信心和勇气，改变了贫困群体的"等靠要"思想，激发了贫困群体的内生发展动力，促进了精准扶贫的持续有效。

（二）打造"一保四有"健康体系，改善社区医疗环境

良好的社区医疗环境对脱贫攻坚具有积极意义，尤其是对因病致贫的贫困群体，可以为其提供必要的物质支持和精神帮扶，帮助其树立战胜病魔、摆脱贫困的信心。同时，良好的社区医疗环境，也可以

改善所有社区居民的生活质量，将身体健康摆在更加重要的位置，形成良好的生活习惯，预防因病致贫现象的产生。成县按照党中央、省、市关于打赢精准脱贫攻坚战的安排部署，始终将健康扶贫作为脱贫攻坚工作的一项重要内容，强化组织领导、突出工作重点、扎实有效地推进健康扶贫各项政策落到实处，卫健系统面对量大面宽、复杂艰巨的健康扶贫工作任务，发扬攻坚克难、勇于作战、勇于吃苦的精神，进村入户、调查摸底，扎实、细致地开展了因病致贫、返贫调查摸底工作，摸清了建档立卡贫困户中因病致贫、返贫人口基数，建立健全了"一人一策"管理台账，为健康扶贫工作奠定了坚实基础。在此基础上，各级医疗卫生机构在党委、政府的领导下，在各部门的通力协作配合下，将健康扶贫工作的核心任务如基本医保85%报销比例、大病保险、民政医疗救助兜底、"先诊疗后付费""一站式"结算等政策全面落实，为成县的脱贫攻坚做出了积极贡献。

具体而言，一方面确保建档立卡贫困人口"一保四有"。确保建档立卡贫困人口参保，确保建档立卡贫困人口有签约医生（"一人一策"）、有免费签约服务包、有兜底保障政策、有脱贫不脱政策保障。成县建档立卡贫困人口城乡居民基本医保参保率100%，并按照相关标准全部进行了参保资助。由市、县、乡、村四级签约帮扶团队为建档立卡贫困人口共同制定了"一人一策"健康帮扶措施，通过"送人就医、送医上门"做到应帮尽帮。对已脱贫的原建档立卡贫困人口，按照人社部门统计的数字，全部参加城乡居民医疗保险，并享受参保资助。全部人员都落实家庭医生签约服务，并享受免费签约服务包，各级团队为其制定并落实"一人一策"健康帮扶措施，同时享受和建档立卡贫困人口相同的报销政策。符合大病保险和医疗救助政策条件的建档立卡贫困人口全部享受相关特惠政策。扩大医疗救助范围，将特困供养人员，孤儿，城乡一、二类低保对象，建档立卡贫困人口和低收入家庭中的老年人、未成年人、残疾人和重病患者全部纳入医疗救助范围，对符合医疗救助条件但尚未享受政策的建档立卡患者发放《成县 3000 元兜底救助告知书》。

另一方面确保贫困村"一保四有"。确保贫困村有村卫生室，有乡村医生，有即时结报网络，有健康专干，有健康管理台账。2018年年底成县 104 个贫困村中，除 5 个乡镇卫生院所在地的村可不设卫生室外，其他已完工并交付使用的村级卫生室有 99 个，141 个非贫困村中，建成标准化卫生室 16 个，对于没有村卫生室的村，按照要求由各乡镇将村党员活动室腾出一个房间或村医家中独立一个房间进行布置后作为村卫生室。截至 2020 年上半年，全县 245 个行政村卫生室除 2 个乡镇卫生院所在村之外，均拥有了村卫生室。

在健康扶贫的管理机制上，成县全面落实健康扶贫工作措施，逐步健全健康扶贫工作机制，落实了总额预付制度和分级诊疗制度，金保专网延伸到村，开展了村卫生室经办人员"两网"日常操作培训。扎实推进"先诊疗后付费"和"一站式"结算服务工作，认真落实了贫困人员住院医保待遇政策，扎实开展了贫困人口门诊慢性特殊病备案登记、补偿工作。通过微信、微博印发宣传资料等形式，强化政策宣传，积极落实社保扶贫优惠政策，建档立卡贫困户 100% 参加了城乡居民医疗保险和城乡居民养老保险。2020 年上半年，已落实贫困人口各项城乡居民医疗保险政策及贫困人口城乡居民养老保险全覆盖。贫困农村完善的医疗环境和健康服务体系，为因病致贫贫困人口提供了多维的支持，同时，也让全体村民切实感受到健康的重要性和外部良好的健康保障，推动了减贫工作的顺利进行。

（三）促进乡风文明，改善社区文化环境

在减贫领域，有"贫困文化"这一概念。持这种观点的学者认为，穷人面临着特殊的生存问题，因而有特定的生活方式。在此基础上，在贫困群体中产生了共同价值观和行为方式，这就是贫困亚文

化。这种贫困文化一经形成，就具有相对独立性，并可以代际传递。在贫困文化的制约下，即使初始的贫困条件发生变化、新的机会来临时，穷人也不能调整自己，摆脱贫困。贫困文化说用一个单独的"亚文化"假定来解释贫困在代际之间的延续。出生在贫困家庭的人在软弱的家庭结构、无效的人际关系、只顾眼前的和无节制的开支模式中成长，这种环境造成了贫困者的独特价值观，比如无助、依赖、自卑感、放弃以及宿命论等。在这种环境下成长的孩子对于教育、工作以及自我提高的兴趣不浓，他们计划未来或者寻找把握机会的能力较差，他们对于经济剥夺和社会边缘化的适应性反应使得贫困者的弱势地位更难改变。[①] 贫困文化会嵌入到当地的群体生活和社会互动之中，具有横向和纵向的传递性，会对整个社区的减贫造成不良影响。反之，一个积极向上、具有正能量的社区文化环境的塑造，则有助于贫困群体的整体脱贫。

为营造积极向上的社区文化环境，成县成立了新时代文明实践中心，社区成立了新时代文明实践所和文明实践站，印发了《成县新时代文明实践中心建设方案》，组建了"新时代志愿者文明实践队"，并积极组织协调成县志愿服务联合会等各志愿服务组织和广大志愿者，在开展"倡孝道、除陋习、促文明"助力脱贫攻坚百日行动的同时，在农村、社区积极开展"三关爱"志愿服务实践活动。成县围绕群众的需求，送文化下乡、送戏下乡，提升村民文化品位。围绕文化队伍建设进行人才队伍培训，开展旅游产业扶贫。同时，在贫困社区之中，广泛开展群众性精神文明创建活动，组织实施以文明村镇创建、"五星级文明户"创评、村规民约、红白理事会、道德讲堂、志愿服务队、文化广场、好人榜、"倡孝道、除陋习、促文明"主题实践活动等为主要内容的农村精神文明建设。成立村级红白理事会，制定村规民约，实施道德信贷工程，治理高价彩礼、反对红白喜事大

---

① 沈红：《经济学和社会学：判定贫困的理论》，《开发研究》1992年第3期。

操大办、厚葬薄养、人情攀比、沉迷赌博、"懒汉思想"等陈规陋习，加强无神论宣传，培育健康文明生活方式，抵制封建迷信活动。通过这些活动，内生动力不足的村民由懒惰变得更加勤快，由对贫困生活习以为常、安于现状的状态变得更加积极自信，转变了"等靠要"思维意识。以前农闲扎堆，说闲话的行为，转变为进入农家书屋或者参加健身和广场舞活动，精神文化活动更加丰富，生活质量得以提高。

成县还注重挖掘优秀传统乡土文化，弘扬中华民族劳动光荣、勤俭持家、孝亲敬老等传统美德，教育和引导贫困群众用自己的双手光荣脱贫、勤劳致富、服务社会、贡献国家。为建档立卡贫困户拍摄全家福，开展家风家教宣传教育，倡导新风尚形成新风气，强化家庭成员赡养老年人的责任意识，对有能力却不履行赡养义务、为享受农村低保和扶贫政策分家立户或遗弃老年人等行为，采取公益诉讼等形式，帮助维护老年人合法权益。开展新乡贤进村宣传和引领带动，通过修改制定新乡规民约、新乡贤进村讲故事、制作乡贤文化墙、编印乡贤事迹图书、乡贤结对帮扶贫困群众等活动，弘扬自强不息、注重操守等优秀品质。通过以上活动的开展，改善了社区的文化环境，促进了乡风文明，改变了贫困文化，形成了村民共同发展进步的良好风气，提高了贫困群体的脱贫动力。

（四）推动邻里互助，改善社区治理环境

从内外结合的贫困治理理念来看，贫困个体的无力感有一部分是由于环境的挤压而产生的，也是由于他们长期缺乏参与机会所导致的。所以，贫困群体的自信心的提升和能力的提高，也需要通过社区团体成员的互助合作，发挥社会力量在解决个体问题中的功能与作用，构建社会支持网络，来抵御社会风险。贫困户大多是因病、因残、因天灾人祸致贫返贫，本身心理创伤就比较大，如果邻里之间再

冷眼旁观、闲言碎语，往往会加重贫困户心理负担，导致其一蹶不振。为了避免这种现象，成县积极推行邻里关爱、慈善互助等扶贫模式，以点带面，形成一人有难众人帮、一家贫困大家扶的良好局面。成县注重搭建邻里互助体系，积极引导社区群众互助共济、共同发展。同时，注重在社区内为贫困群体参与社区公共事务提供平台，依法保障贫困群体基本的生存权和发展权。成县在精准扶贫过程中，始终相信贫困群体是有能力、有价值的，通过红白理事会、道德讲堂、志愿服务队等社区组织，开展助人活动，帮助贫困群体主动参与到社区建设中，消除其对外在环境的恐惧感和无力感，使他们获得发展能力，并能正常发挥自身的社会功能，从而形成自身能发展的长效机制。

在脱贫攻坚战中，成县在扶贫与扶志、扶智相结合上下了很大功夫。一方面，注重改变"把贫困归结为命运，安于贫困现状"的贫困认知，加强贫困地区人民的思想道德教育，普及科学的文化知识，培养科学的价值观，使之以正确的态度对待自身的贫困状态。帮助贫困人口将脱贫的意愿、主动性和信心扶起来，使其相信自身需要脱贫、能够脱贫，树立脱贫信心，从而激发贫困人口的内生动力。另一方面，通过教育扶贫、文化扶贫、产业扶贫等多种方式，为贫困地区和贫困群体输入新的动力，帮助其积极主动地根据当地实际情况选择合理的脱贫方式、学习并掌握先进技能、提高自我发展能力，摆脱对外界扶持的过度依赖，从而变被动接受扶持为主动自我扶持，加强内生反贫困的智力和能力，进而达到脱贫目标。

第八章

协调推进：脱贫攻坚与
乡村振兴衔接

推进脱贫攻坚与乡村振兴有效衔接，需要总结脱贫攻坚的实践创造和伟大精神，研究脱贫攻坚对乡村振兴的经验借鉴和动力塑造机制，为乡村振兴打下良好基础。同时也需要在乡村振兴整体战略下对脱贫攻坚进行再思考，研究利用乡村振兴的规划方案和政策举措，巩固拓展脱贫攻坚成果，促进贫困地区持续发展。

2019年3月，成县县委农村工作会议指出，要用好乡村振兴战略总抓手，重点突出"五个振兴"，全面巩固脱贫成效，提高脱贫质量，集中精力完成剩余贫困村和贫困人口的稳定脱贫，同步推进乡村振兴。在产业振兴上聚焦持续增收调结构，在人才振兴上围绕引进培育求突破，在文化振兴上围绕塑形铸魂提振精气神，在生态振兴上突出人居环境整治建设机制，在组织振兴上围绕治理有效抓提升。根据县域发展实际情况，将"拆危治乱"、脱贫攻坚、农村人居环境整治、基层党建等工作有机结合起来，巩固提升脱贫成效，统筹推动乡村振兴。2019年4月，成县经过县级自评、市级初审、省级核查验收和评估检查，成功实现脱贫摘帽，开始进入巩固提升脱贫成果的新阶段。2019年6月，成县开始编制乡村振兴战略实施方案，提前布局乡村振兴工作。

一、产业振兴奠定乡村振兴基础

培育产业是推动脱贫攻坚的根本出路，是激发贫困群众内生动力，实现稳定脱贫的根本之举。近年来，成县紧盯贫困人口脱贫目标，推进产业扶贫各项措施落实，不断深化贫困村产业结构调整和升级，因地制宜，积极培育和发展特色优势产业，紧紧围绕"优势主导产业（核桃）由大变优、区域特色产业（草畜、蔬菜、中药材）由小变大、地方特色产品（鲜果、养蜂、油用牡丹等）由特变精"的产业发展目标，建立具有成县特色的脱贫攻坚产业支撑体系，贫困乡镇、贫困村产业优势突出，农产品增加值显著提升，品牌产品占比明显提高，贫困户深入融合到产业发展中，自身"造血"功能和自我发展能力不断增强，确保如期实现贫困人口稳定脱贫目标。

（一）瞄准靶心，培育到村到户特色主业

高质量脱贫强调脱贫之后发展的内生性、长效性、持续性，切实解决深度贫困和防止返贫问题是实现高质量脱贫的重要任务。高质量脱贫的关键是产业发展，只有产业发展了，贫困区域人口才能获得更多的就业机会，拓宽收入来源渠道，改善生产生活条件，摆脱贫困状态，走出"贫困陷阱"，走上致富道路。[1]

成县紧盯"两不愁三保障"目标，着力培育特色产业。一是突出区域优势，结合现有产业基础，制定"一村一规划"，合理选择贫困村主导产业，形成了以核桃为主导产业的村 61 个，以中药材为主导产业的村 16 个，以中蜂养殖为主导产业的村 18 个，以土鸡、烤烟、花椒等为主导产业的村 9 个，实现了 104 个贫困村主导产业全覆盖。主导产业都有一定的规模，农户参与度高，成为农民经营性收入的主要来源。二是结合贫困村主导产业类型和"一户一策"产业发展计划，安排到户种养殖产业发展资金 3448.69 万元，重点用于"一

---

[1] 王伟：《乡村振兴视角下农村精准扶贫的产业路径创新》，《重庆社会科学》2019 年第 1 期。

户一策"已脱贫巩固提升户和低收入户产业培育，按照贫困户产业发展现状和需求，累计发放仔猪 8068 头、仔鸡 22.9 万只、中蜂 1.3 万箱，发展中药材 9660 亩，新栽植核桃、花椒、大樱桃共计 10000 余亩，管护核桃树 10 万亩，开展病虫害防治 30 万亩，同时采取以秋补夏、复种套种模式补灾损、促增收，复种黄豆 920 亩、荞麦 2.22 万亩。三是扶贫配股，成县率先从 2018 年 6 月开始安排配股资金 8001.81 万元，采取"五类分类法"，根据建档立卡贫困户类别，综合考虑建档立卡贫困户享受的脱贫攻坚有关政策，差异性安排配股资金，即：第一类是为 1487 户未脱贫户户均配股 1.9 万元；第二类是为 938 户易地扶贫搬迁户户均配股 2.39 万元；第三类是为 155 户巩固提升户户均配股 0.9 万元；第四类是为 2014 年退出的 3104 户贫困户户均配股 0.4 万元；第五类是为 3878 户农村一、二类低保和特困供养人员户均配股 0.4 万元。共计安排的配股资金全部注入龙头企业、农民专业合作社，与其签订结对带贫入股分红协议，为建档立卡贫困户按照不低于 10% 的比例取得保底分红收入，已帮助群众实现分红收入 800.18 万元。通过对到户产业扶持和入股配股，成县 1487 户有产业发展愿望和能力的未脱贫户落实到户实物和配股资金总和达到户均 2.2 万元；为 938 户易地扶贫搬迁户落实到户实物和配股资金总和达到户均 2.69 万元。

（二）点面结合，推进贫困村合作社全覆盖

农民专业合作社是提高农民组织化水平，促进农业生产发展和农民增收致富的重要途径。作为一种农民互助合作性质的经济组织，农民专业合作社在带动贫困农户脱贫、促进农业科技推广、培养新型农民、提高农民素质方面具有重要作用。

成县采取多种措施帮助贫困村成立专业合作社，发挥专业合作社带动脱贫的功能。一是组建贫困村合作社，截至 2018 年，成县 104

个贫困村组建合作社达到 431 家，实现了贫困村合作社全覆盖且达到了每村 2 家以上合作社目标。二是加强对合作社的规范化管理，提高自身造血能力。制定出台了《成县贫困村农民合作社三年全覆盖行动实施方案（2018—2020 年）》及系列扶持奖补办法，建立了县乡联动机制，结合产业扶贫培训，经营主体业务政策法规及经营能力提升培训，引导贫困村专业合作社完善规章制度，强化防风险措施，提升贫困村合作社建社水平和自身造血能力。三是充分用活政策资金，扶持新型经营主体发展。2017 年以来，成县把村集体经济发展资金近 2000 万元，易地搬迁产业扶持资金近 800 万元，全部注入到龙头企业和合作社。如成县鑫园中药材种植专业合作社以"产加销"一条龙带动 9 个贫困村年集体分红 6 万元，辐射带动全县 7 个乡镇 67 个村的 573 户建档立卡贫困户实现分红收入 114.6 万元，户均分红 0.2 万元。截至 2018 年，全县共组建合作社 1062 家，拥有成员 6454 人，带动农户 19159 户，其中带动贫困户 7908 户，占全县建档立卡贫困户 15186 户的 52%。

大力发展农民专业合作社，不仅是市场经济条件下提升农业产业发展水平、促进先进农业科技推广、增强农民市场竞争能力、培养合作意识、提高农民组织化程度、增加农民收入的重要手段，也是推进社会主义新农村建设、实现乡村振兴目标的有效载体。

（三）壮大引进，提升龙头企业带贫能力

产业的发展仅靠小农户自身发展是难以发展壮大的，产业发展、产业兴旺必须发挥龙头企业的作用。龙头企业架起了农户与市场之间的桥梁，推动了农业标准化、规模化生产，可以快速带动相关产业和当地经济的发展。

成县坚持"抓产业必须抓龙头企业、扶持龙头企业就是扶持产业发展"的理念，采取建管并重、扶优配强的思路，推进龙头企业

提档升级、带动贫困群众全面参与，投入扶持发展资金 1020 万元，实现土地资源变资产 5833 亩、资金变股金 9846.8 万元，农民变股东 9725 户，兑现"三变"分红 710 万元。按照培育壮大一批、嫁接引进一批、政府主导组建一批的思路，依托扶贫产业培育，大力发展壮大龙头企业。截至 2018 年，成县培育壮大龙头企业 17 家（国家级 1 家：华龙恒业农产品有限公司；市级 13 家），新认定县级龙头企业 10 家，通过工商部门新注册农业企业 21 家，新引进农业龙头企业 3 家，重点培育 3 家。

成县结合农村"三变"改革探索形成了"三变+旅游扶贫""三变+生态休闲观光业""三变+中药材产业扶贫""三变+特色产业+生态旅游"等多种发展模式，有力带动了农村脱贫发展。

（四）品牌培育，积极开展农产品产销对接

为了抓好农产品品牌培育工作，成县制定了《成县农产品品牌战略实施方案》《成县农产品"三品一标"认证方案》，成立了农产品品牌战略建设领导小组，负责品牌建设工作，认真组织农业企业、专业合作社开展认证申报，严格落实"三品一标"证后监管、产品抽检、企业年检、专项检查等各项工作。积极组织华龙核桃系列产品、祥峰金银花和广丰皇菊、金麦源手工挂面等县内经营主体和农产品经销商参加西北贫困地区产销对接会、"千企帮千村对接会"、厦门第十九届绿博会等国家省市产销对接会，洽谈销售成县核桃、桔梗菜、蒲公英茶、土蜂蜜及天麻、猪苓等农特产品。同时，大力发展订单农业和电商农业，贫困村实现了村村有淘宝网店，通过"一店带一户""一店带一村"及龙头企业、合作社帮带等形式，有效破解了农产品难卖的问题。

产业扶贫与乡村振兴侧重点有所不同。产业扶贫具有较强目的性和随机性，主要和直接目标是扶贫脱贫，而乡村振兴追求的产业发展

是实现产业振兴，旨在为乡村振兴奠定全面振兴持续的经济发展动力，着眼乡村振兴长远目标，特别是农业农村现代化这一宏伟目标。因此，做好产业发展上的衔接，向特色发展要出路，必须坚持产业发展和独特自然条件、地理位置、气候条件等结合起来，不盲目跟风模仿别人，要充分考虑区域历史传统、种植、养殖或加工习惯，善于借助科技进步，打造优势特色"产业+"科技、"产业+"互联网。[1] 既要考虑先天优势，围绕先天已形成优势主导产业，确定产业发展重点；也要考虑后发优势，充分结合自身产业发展基础、资源禀赋，选择发展前景好、综合效益高的特色产业。

二、人才振兴激活乡村振兴活力

无论是脱贫攻坚还是乡村振兴，人才都是关键，只有充分发挥人的主观能动性和创造性，才能不断推动农村工作向前发展。成县在实施脱贫攻坚过程中，非常注重选人用人，激发干部和群众干事创业的热情。

（一）选好"排头兵"，努力夯实基层干部队伍

成县积极选好"作战员"，锻造"排头兵"。坚持把精干力量向贫困片区倾斜。2018 年年初，成县提拔调整乡镇党政正职 16 名，交流使用乡镇班子成员 32 名，提拔扶贫一线干部进入乡镇领导班子 21 名。同时，坚持用最强的干部加强最弱的岗位建设，采取内选、下派

---

① 廖彩荣等：《协同推进脱贫攻坚与乡村振兴：保障措施与实施路径》，《农业经济管理学报》2019 年第 18 期。

等方式，对 9 个贫困村两委班子成员进行了充实，配强了贫困村工作力量。面对基层干部队伍薄弱问题，成县对 104 个贫困村派驻 504 名驻村工作队员，全部实行第一书记与驻村工作队队长"一肩挑"。着眼非贫困村的短板问题，及时向 141 个非贫困村选派驻村帮扶工作队员 282 名，实现了村村都有帮扶队。制定出台了帮扶干部管理的"一意见、两办法"，全面加强驻村帮扶干部管理，全面落实扶贫一线干部各类保障措施。既坚持正向激励，从精准脱贫一线提拔科级干部。又强化反向约束，常年开展督查、暗访、夜查，严明工作纪律，先后对群众认可度不高、工作成效不明显的帮扶干部开展诫勉谈话、通报批评，调整召回并重新选派队长。通过一系列举措，进一步增强了广大干部脱贫攻坚的政治自觉、思想自觉、行动自觉，巩固脱贫成效，提升脱贫质量。

（二）强化宣传教育，提升贫困群众发展信心

扶贫工作中"输血"重要，"造血"更重要，扶贫先扶志，是从精神脱贫调动内生动力的维度，帮助树立摆脱贫困的信心和志气。在扶贫过程中，非常重要的一点是提高贫困户和贫困人员的思想认识，使其树立脱贫的自信心，树立积极向上的精神面貌，提高他们的综合素质，让他们更有信心、有能力通过自己的劳动摆脱贫困，从根源上解决贫困问题。

成县在脱贫攻坚过程中强化宣传教育，有效增强了贫困群众的发展信心。在全县范围内广泛开展思想道德教育、精神扶贫宣讲活动等，增强贫困群众的脱贫动力。宣传教育形式丰富多样，既包括各级帮扶干部面对面的宣讲，也包括各类媒体的广泛宣传报道、传统文化教育讲座、典型模范评选等，从根本上改变了贫困群众的精神面貌。

（三）打造内生动力，培育新型职业农民队伍

近年来，成县坚持"立足产业、政府主导、多方参与、注重实效"原则，全面加快推进新型职业农民培训工作。一是县委组织部组织实施了深度贫困村村两委班子和驻村帮扶工作队干部专题培训，县农牧部门完成村级动物防疫员、农机经营主体负责人、种养殖专业合作社负责人、农药经营等新型职业农民培训340人。二是扎实开展贫困户农业实用技术培训工作，发放种养殖技术资料各1.5万本，技术培训光盘1.5万盒；三是县财政落实资金10.45万元，制定《成县建档立卡贫困户一户一个"科技明白人"全覆盖培训方案》，实施贫困户一户一个"科技明白人"全覆盖培训1943人次。切实提高乡土人才发展能力和技术水平，持续激发乡土人才内生动力。为农业现代化塑造攻坚力量，为脱贫攻坚和乡村振兴建设提供动力引擎。

三、文化振兴重塑乡村振兴灵魂

成县的脱贫攻坚坚持以人民为中心的发展理念，坚持农民主体地位，激发了贫困户的内在动力，贫困户由此实现了"要我脱贫"到"我要脱贫"的思想转变。其原因在于脱贫行动坚持"扶贫同扶志扶智相结合"的原则。

（一）深入开展扶贫政策宣传，积极进行扶贫舆论引导

成县以全县社科理论战线各方面宣讲人才特别是党校、讲师组系统力量为骨干，动员组织全县各级各部门脱贫攻坚帮扶单位干部，充分吸

纳乡镇干部、大学生村官基层干部参与，县、乡、村三级联动，组建各种形式的宣讲小分队，在贫困乡、村分层次、有计划地深入宣讲习近平新时代中国特色社会主义思想和党的十九大精神，深入宣讲习近平总书记关于扶贫工作的重要论述，深入宣讲党和国家脱贫攻坚的重要决策部署，深入宣讲中央和地方各级党委、政府全力推进脱贫攻坚"一号工程"的安排举措，为贫困群众解疑释惑，增强脱贫信心和决心。实现建档立卡贫困村对党的脱贫攻坚政策全知晓、全覆盖，让贫困群众明白党和政府政策好、还需要自己干的道理。在"一网一微"上开辟精神扶贫专题论坛栏目，组织好文章的撰写和信息的及时发布。利用陇南乡村大数据开展好哲学宣传和社会科学普及，传导正能量，突出主旋律。强化网络宣传，引领网上舆论导向，构建风清气正的互联网环境。

在开展扶贫政策宣传的基础上，成县号召广大党员干部群众弘扬"敢死拼命"的精神，争当"敢死队员"、争做"拼命三郎"，以"置之死地而后生"的决心，进入战斗状态、确保战斗姿态，向贫困发起冲锋。全县各机关部门和窗口单位及宾馆饭店等公共聚集场所要在醒目位置设置脱贫攻坚倒计时牌。各级各类媒体持续开展常态性、动态性精神扶贫主体宣传报道，深入宣传党中央决策部署，宣传"一户一策"等精准脱贫政策举措，宣传弘扬脱贫攻坚中的敢死拼命精神，宣传各级各部门推动脱贫攻坚各项任务落地见效、全力以赴攻克深度贫困堡垒的进展成效、工作经验、典型人物、先进事迹，营造脱贫攻坚、精神扶贫的浓厚舆论氛围。聚焦贫困农村存在的"懒汉思想""等着扶、躺着扶""干部干，群众看""上急下不急、外急内不急"等现象和陈规陋习，深入开展舆论引导、辨析监督，大力激发凝聚积极进取、奋发努力的精神力量。

（二）坚持推进扶贫价值引领，广泛展开乡风文明创建

成县大力培育社会主义核心价值观，加强农村思想道德建设，着

眼培养担当民族复兴大任的时代新人，深化中国特色社会主义和中国梦宣传，大力弘扬民族精神和时代精神，加强爱国主义、集体主义、社会主义教育；深化民族团结进步教育；深入实施公民道德建设工程，推进社会公德、职业道德、家庭美德、个人品德建设；推进诚信建设，强化农民的社会责任意识、规则意识、集体意识、主人翁意识。大力开展公益广告宣传，广泛组织开展道德模范、最美人物评选和学习宣传活动。在贫困村开展"脱贫致富模范户"评选表彰活动，建设村级好人榜，宣传贫困群众依靠自身努力脱贫致富的先进事迹，宣传对扶贫开发作出杰出贡献的组织和个人。组织实施乡村学校少年宫建设项目工程。选择一批自强致富、互帮互助、先进带后进典型，以乡村巡回报告会等形式，讲自己的"创业史""致富经"，帮助贫困群众克服自卑自弱、人穷志短、等待救济等心理上的"贫困"，激励群众勤奋自强，脱贫致富。

在推进扶贫价值引领的基础上，成县广泛开展群众性精神文明创建活动，组织实施以文明村镇创建、"五星级文明户"创评、村规民约、红白理事会、道德讲堂、志愿服务队、文化广场、好人榜、"倡孝道、除陋习、促文明"、开展好"孝老敬亲、弘扬传统美德"主题实践活动等为主要内容的农村精神文明建设"八个一"工程示范点建设和正在开展的"一拆三改两化"行动，成立村级红白理事会，制定村规民约，实施道德信贷工程，治理高价彩礼、反对红白喜事大操大办、厚葬薄养、人情攀比、沉迷赌博、"懒汉思想"等陈规陋习，加强无神论宣传，培育健康文明生活方式，抵制封建迷信活动。弘扬中华民族劳动光荣、勤俭持家、邻里和睦、孝亲敬老等传统美德，教育和引导贫困群众用自己的双手光荣脱贫、勤劳致富、服务社会、贡献国家。为建档立卡贫困户拍摄全家福，开展家风家教宣传教育，挖掘优秀传统乡土文化等，有效推动了乡风文明建设。

（三）扎实开展扶贫文艺润心，坚持开展扶贫文化惠民

成县广泛动员和号召各类文艺工作者丰富创作题材，讴歌新时代风采。坚持好"科技文化卫生"三下乡活动，组织好全县脱贫攻坚宣传活动；开展好以"脱贫攻坚、精准脱贫"为主题的作品创作；配合好"陇南红色文艺轻骑兵"送戏下基层演出活动，组建文艺演出小分队深入到贫困乡（镇）和建档立卡贫困村进行巡回演出，指导农村自乐班，将这些节目融入广场歌舞、说唱、乡俗庙会、春节社火、节庆活动等群众文化活动中。扎实开展以"深入生活扎根人民"为主题的文艺采风创作活动。组织书法工作者为贫困家庭书写弘扬中华优秀传统文化的字画，实现贫困家庭全覆盖；《同谷》杂志组织编辑脱贫攻坚作品小辑，影业中心制作反映成县脱贫攻坚的幻灯片巡回进村入户播放，制作一批以弘扬自力更生、艰苦创业、致富光荣、奖勤罚懒为主要内容的文化墙宣传栏，营造积极向上、拼搏奋斗的浓厚氛围。

成县坚持推进公共文化服务体系建设。加快实施贫困县村综合文化服务中心覆盖工程。指导非遗传承人"传帮带"工程，推进农村特色文化产品生产和销售。建好用好农家书屋、乡村舞台等平台，把乡村舞台建成贫困村的理论政策宣讲台、科技致富评比台、邻里和谐促进台、群众文化演练台、健身休闲运动台、乡风文明培育台。开展送书画、送图书活动，建强农村文化阵地，深入组织开展文化惠民演出，开展戏曲进校园、进乡村活动，创作脱贫攻坚微电影剧本，推动贫困农村文化活动蓬勃发展，不断丰富群众精神文化生活。

（四）积极组织扶贫科普培训，提高群众获得感和幸福感

成县组织科技界、社科界专家学者，深入贫困乡村，组织实施好

"三变"改革知识培训和农村专业合作社、公益性岗位的技能培训、特色产业技术培训、实用技术培训、家庭技能培训、传统手工艺培训等。帮助贫困群众掌握种养、加工或服务技能，协助贫困群众寻找致富路径，提高了贫困群众的脱贫能力。

除此之外，成县针对贫困农村留守老人、妇女、儿童等和特殊困难家庭开展慈善资助、支教助学、心理疏导、危机干预性志愿服务，积极引导激励贫困人口缓解精神压力，努力提高群众的获得感和幸福感；开展经常性的健康卫生防病知识的宣传普及、健康义诊，防止小病拖成大病、因病返贫等问题，持续保障群众身体健康和疾病救治，增强健康获得感，全面防止困难群众因病导致的精神懈怠、心理负担、悲观厌世和发展动力不足的不良情绪。

四、生态振兴提升乡村振兴品质

良好的生态环境和人居环境是农村的宝贵财富。在脱贫攻坚的过程中，成县努力落实各类生态补偿惠民政策，如生态搬迁、生态建设项目扶贫、生态贫困市场化扶贫，生态服务消费扶贫以及生态补偿扶贫等各类项目。生态扶贫不仅要打破贫困地区经济发展的资源阻滞，还要实现农民脱贫与生态修复的统一，促进生态治理与贫困治理的有机耦合，由此，生态扶贫就为贫困地区的生态振兴打下了坚实的基础。

（一）实施拆危治乱，消除"视觉贫困"

生态宜居是乡村振兴战略的重要内涵，也是推动农村人居环境改善，提升农村居民精气神的重要旨向。长期以来，成县广大农村尤其是贫困农村，基础设施落后，道路建设落后，乱搭乱建问题突出，严重制约了村庄发展。成县为彻底解决全县农村环境"脏乱差"突出问题，打造可憩可游、宜业宜居、美化亮化的农村人居环境，逐步形成一村一品、一村一韵、一村一景的美丽乡村格局，为发展全域旅游，促进农民增收，助推全县脱贫摘帽，实现全面建成小康社会奠定坚实的基础，根据甘肃省改善农村人居环境行动美丽乡村建设标准，结合成县实际，特制定"一拆三改两化"活动的实施方案。"拆、改、化"方案按照公共服务便利、村容村貌洁美、田园风光怡人、生活富裕和谐的基本要求，统筹脱贫攻坚、危房改造，整合项目资源，集中人力、物力，开展以拆除危房，改厕、改灶、改圈，硬化小巷道、美化庭院和净化室内环境为基本内容的"一拆三改两化"村容村貌集中整治活动，全面整治"三乱"（乱堆、乱放、乱倒）现象，创建整洁优美的农村人居环境。

"拆、改、化"的主要目标是：一是拆除危房及残垣断壁：彻底拆除17个乡镇245个行政村存在安全隐患、影响村容村貌的危房及残垣断壁。二是改厕：2018年完成104个贫困村农村卫生厕所改造，2019年完成其余非贫困村农村卫生厕所改造，新建一定数量的公共厕所。三是改灶：2018年完成104个贫困村厨房改造提升，2019年完成其余非贫困村厨房改造提升。四是改圈：2018年完成104个贫困村农户圈舍改造，2019年完成其余非贫困村农户圈舍改造。五是小巷道及庭院硬化：2018年完成104个贫困村小巷道硬化及农户庭院硬化，2019年完成其余非贫困村小巷道硬化及农户庭院硬化。六是净化室内环境：引导全县农村群众整治室内环境卫生，创造整洁优美的居住环境。七是整治乱堆乱放乱倒：对村庄乱堆柴草、秸秆、粪堆及乱放农机具和乱倒垃圾的现象进行彻底治理，保证村庄环境整洁、卫生干净。

拆危治乱发挥了牵一发而动全身的综合效应，为成县顺利实现脱贫摘帽和实施乡村振兴战略奠定了坚定基础。

（二）实施生态扶贫，保护发展双赢

在生态扶贫方面，成县建立健全生态保护补偿机制，认真落实建档立卡贫困人口选聘生态护林员工作，及时足额兑现补助资金，积极支持贫困地区发展林果产业，帮助贫困户增收脱贫。

一是坚持把林业生态扶贫作为"一号工程"。成县紧盯"一户一策"扶贫计划落实，研究制定年度落实计划，列出任务清单，建立责任落实机制。全面整合聚集项目、技术、人力、资金等林业资源，形成"拳头"效应，弥补短板实施项目，从严管理资金，重点向贫困村和贫困户精准落实，切实让贫困人口在林业建设中充分享受政策、稳定增收。

二是选聘贫困人口为生态护林员。成县坚持精准落地、精准到户、突出重点、公平公正的原则，制定印发了《成县建档立卡贫困人口生态护林员选聘实施方案》和《成县建档立卡贫困人口生态护林员选聘办法》，共选聘生态护林员 230 人。成县建立了"县建、乡聘、站管、村用"的管理机制，按照每人每年 8000 元的标准，采取财政一次核拨、乡镇按月发放的方式，及时拨付生态护林员工资，实现了贫困人口增收入，森林资源受保护的目标。

三是林业项目惠及贫困户。成县将贫困村作为林业项目的重点实施区域，将贫困户列为重点受益对象，结合成县主导产业发展、自然条件和农户意愿，依托林业项目实施帮助农户发展经济林脱贫致富产业，增加林业生态建设务工收入。共发展经济林 1.63 万亩，均安排在贫困村实施。实施了 1.8 万亩森林抚育项目，吸纳 141 个贫困户参与林业项目务工，做到了林业项目与扶贫工作紧密结合，贫困群众受益，发挥好项目助推林业扶贫作用。

由于贫困地区与生态脆弱区存在地理空间的高度重叠，以实现生态保护与扶贫开发双重目标的生态扶贫便构成了脱贫攻坚战中的重要内容。因成功实现生态治理与贫困治理的有机耦合，生态扶贫构成了我国特色扶贫的重要经验。

（三）推进造林绿化，保住绿水青山

成县按照省市下达的各项造林绿化工作任务，提早谋划筹备，精心组织实施，全力推进造林绿化工作。

2016 年，成县全年新增造林面积 4.25 万亩，在沙坝、纸坊、索池、苏元、小川、二郎、黄渚 7 个乡镇完成新一轮退耕还林 3 万亩；在纸坊、沙坝、王磨等乡镇完成天保人工造林 0.34 万亩；在宋坪、镡河、鸡峰、黄渚等贫困片区乡镇实施森林抚育 3.6 万亩；在城关、黄陈、红川、二郎等乡镇完成造林补贴 0.58 万亩。同时，加强绿色通道和贫困村环境建设，在纸坊镇小路村栽植油松、侧柏等生态树种 2000 亩；对全县城区和 17 个乡镇共 22 所学校校园实施了绿化美化，栽植各类绿化树种 610 多株，绿化面积 4200 多平方米；在店村镇、鸡峰镇、苏元乡的 10 个村完成通村公路绿化 44 公里；在鸡山路和陈二路实施绿化景观工程，栽植竹子 2.67 万株，打造节点 30 处；完成绿色长廊建设、公路行道树管护 115.6 公里，对江武路、支伏路、南山路、雷草路等景观绿化工程及行道树全面进行了补植管护。

2017 年，成县坚持把造林绿化作为改善贫困片区生态环境的重要举措，按照"1+17"方案的要求，全面完成各项造林绿化任务，有效改善贫困村的生态环境。全年新增造林面积 3.856 万亩，其中：在沙坝、纸坊、索池、苏元、小川、二郎、黄渚 7 个乡镇完成新一轮退耕还林 3 万亩，涉及贫困户 2073 户 8085 人；在红川、城关、小川、苏元、陈院等 5 个乡镇完成造林补贴试点项目 0.4 万亩，涉及贫困户 260 户 1014 人；在王磨镇水泉村完成天保人工造林 0.14 万亩；在宋坪、二郎等贫困片区乡镇实施森林抚育 3.5 万亩。同时，加强绿色通道和贫困村环境建设，在索池镇、小川镇、店村镇、城关镇等 12 个村完成通村公路绿化 42 公里。

2018 年，成县着力抓好天保工程管护任务 134.03 万亩和公益林管护任务 50.51 万亩，深入推进新一轮退耕还林工程、天保工程区人工造林等重点造林工程，完成义务植树 110 万株以及绿色长廊等造林绿化工程，全力加快生态建设步伐。在王磨镇水泉村完成天保工程区人工造林 0.1 万亩；在赵坝林场二郎营林区和龙凤山林场宋坪营林区完成森林抚育 1.8 万亩；在镡河、宋坪、陈院、王磨等乡镇完成造林补贴项目 0.3 万亩；完成绿色通道建设 46 公里，其中在成县飞机场连接线完成 6 公里，江武路、支伏路补植管护 35 公里，通村公路王磨镇黄山村、苏元镇张寨等村 5 公里，并对 2017 年完成的通村公路绿化进行了补植补造；组织全县干部职工 3600 多人，采取义务植树的方式，重点对江武路、支伏路公路行道树全面进行补植和管护，共补植 2—2.5 米塔柏 1000 株，胸径 8 厘米樱花 85 株；全力推进造林绿化示范点建设，在陈院镇梁楼村天梁完成道路绿化 4.1 公里，打造节点景观 7 处，全面提升了生态园区绿化美化效果。

五、组织振兴增强乡村振兴保障

成县始终把服务保障脱贫攻坚“一号工程”，作为基层党建工作的首要政治任务，积极组织发动全县各级党组织和广大党员干部在脱贫攻坚一线担当作为、建功立业，真正做到以党建任务落实助推脱贫攻坚、用脱贫攻坚的成效检验党建质量。

（一）坚持科学统筹，靠实抓党建促脱贫

成县成立全县脱贫攻坚组织保障专责工作组，专门负责抓党建促脱贫攻坚工作的牵头抓总、督导推动，并对专责任务进行科学谋划、

合理分工，建立健全运行机制，构建形成了组织部门牵头抓总、各成员单位密切配合、专责工作组成员分工负责的责任体系，全面夯实抓党建促脱贫攻坚组织基础。一是精心谋划。对抓党建促脱贫攻坚工作进行总体谋划，坚持每年年初制定年度工作计划，明确年度目标任务，并按阶段、有重点确定推进措施、责任人和完成时限，全面细化和压实专责组各成员单位职责，为推动抓党建促脱贫任务落实理清了思路、凝聚了合力。二是合理分工。根据专责工作组职责，按照专责成员单位特点，对专责任务合理分工，要求各司其职抓好脱贫攻坚组织保障各项任务落实。三是定期研究。确定全县脱贫攻坚组织保障专责工作组由组织部分管副部长任组长、各相关部门分管领导为成员，并严格实行组长负责制，指定专人做好衔接协调，通过经常开展督导检查，定期召开工作组会议，集体会商研究解决存在问题，有效保证抓党建促脱贫攻坚各项任务能够落实到位、落到实处。

（二）坚持大抓基层，强基固本打造坚强堡垒

成县围绕进一步激发脱贫攻坚内在动力，着力夯实基层基础，有效提升基层党组织引领、服务和助推脱贫攻坚的能力。

一是建设"先锋队伍"抓引领。深入实施农村基层党建"五推进"工程，严格实行组织部预审乡镇党建工作计划、乡镇党委逐村研究党建工作制度，坚持每年对党建工作年度考核排名后2位的乡镇党委书记及相关责任人进行严肃问责，并逐个分析研判乡村两级班子运行情况。二是持续"治弱治散"强弱项。每年按照一定比例倒排确定一批软弱涣散村党组织，坚持"一村一策"进行集中整顿。三是强化"基础保障"添动力。深化实施基层党建"六项工程"，大力推行"1+X"党建模式，强化分类指导，统筹整合资源，先后维修改造村级党群服务中心128个村，完成村级阵地"拆围植绿"81个村，推动实现村级阵地建设达标全覆盖。四是建设"标准化支部"促规

范。制定出台党支部建设标准化实施意见、创建方案、分领域推进计划等系列制度性文件，逐项对照标准规范，建立对标自查、达标整改、问题销号等"三本账"，立足实际提出并落实运行一本标准化的支部会议记录、印发一本标准化的文件汇编、制定一本标准化的操作指南、建立一本标准化的工作台账、配备一套标准化的办公用具、健全一套标准化的运行机制等党支部建设标准化"六个一"措施，全面推进农村党支部标准化创建，有效提升了基层党支部组织力，全面增强了农村党支部服务引领脱贫攻坚的能力。

（三）坚持择优选派，严管厚爱建强帮扶队伍

成县研究出台第一书记和驻村帮扶工作队管理"两个办法"，细化管理措施，坚持优选严管与关怀激励并重，有效激发各级选派干部扎根基层干事创业的服务热情。一是派强帮扶力量。坚持第一书记任职村同选派单位帮扶点保持一致，及时跟进调整，并全面实行第一书记与驻村工作队长"一肩挑"，有效整合了帮扶力量，在向所有贫困村选派驻村帮扶队员的基础上，针对非贫困村帮扶力量薄弱的问题，再次统筹全县资源，选派县乡干部驻村工作组入驻非贫困村，实现脱贫攻坚帮扶力量选派全覆盖。二是严格日常管理。把帮扶干部纳入乡镇干部管理范围，将帮扶干部党组织关系转移到村，严格实行"月公示月报告"考勤制度；采取明察暗访、夜访抽查、电话询问、走访群众等方式，加大督查力度。三是重视关怀激励。拨付第一书记及驻村帮扶工作队经费，落实选派干部津贴补助，为选派干部购买了人身意外伤害保险，组织进行了健康体检。

（四）坚持先锋引领，强化培训提升干部能力

成县采取集中培训与现场教学相结合、传统教育与网络培训相结

合、严格日常管理与强化监督问责相结合等方式，狠抓扶贫一线干部教育管理。

一是加强政治思想教育。在县委党校分类举办培训班，对县、乡、村各级干部进行集中轮训；大力推行"智慧党建"，有效利用网络资源，开通微信公众号，建立支部微信群。二是强化政策业务培训。定期对脱贫攻坚干部进行集中培训，举办脱贫攻坚业务培训班，培训全县104个贫困村第一书记，245个村两委负责人，17个乡镇分管领导、扶贫专干共487人，有效提升脱贫一线干部履职能力。三是搭建实践锻炼平台。采取走出去、请进来等方式，先后选派乡村干部参加省、市调训；抢抓东西部扶贫协作机遇，引进高层次党政人才挂职县委、县政府班子成员，向青岛市城阳区选派挂职干部，利用青岛市城阳区帮扶的人才培训资金，先后组织县直及乡镇党政干部赴青岛市参加培训，选派教育、医疗卫生系统专业技术人员赴城阳区学习培训，有效提升了基层一线干部的实践能力。

（五）坚持严督实考，奖惩并举激发攻坚活力

成县着力构建横向到边、纵向到底的脱贫攻坚责任体系，扎实做好脱贫攻坚成效考核、实绩评估，做到严督实考、奖惩并举，强力促进工作重心向脱贫攻坚一线转移。

一是建立责任落实机制。建立健全县级领导、县直单位、乡镇、村、第一书记共同负责的"五级责任捆绑"制，制定成县脱贫攻坚责任清单、负面清单和问责办法，压紧压实各级责任，强化过程跟踪和协调调度，将落实脱贫攻坚责任作为各级干部考核的重要指标，强化压力传导，保证脱贫责任落实到位。二是建立自查评估机制。坚持每年对脱贫成效进行自查评估，在邀请陇南师专农学院师生对各乡镇脱贫成效进行第三方评估的同时，邀请县四大班子届内退休县级干部巡回对脱贫攻坚工作进行巡查，并按相关规定和程序，对工作不力、

作风不实的人和事严肃进行追责问责。三是建立问题整改机制。每年对脱贫攻坚中发现的各类问题及时进行梳理汇总、逐条分析，建立台账，销号管理，全面抓好整改落实；并经常开展"回头看"，确保问题整改件件有质量、改彻底，严防反弹回潮，保证脱贫攻坚高质量、有实效，扎实开展整县脱贫"县级自评"，重点对"两代表一委员"、县乡村干部、广大群众等进行了认可度调查。四是建立正向激励机制。坚持用脱贫实绩衡量各级班子运行、检验干部能力，把扶贫成效作为干部选拔任用的主要指标，树立"聚焦脱贫攻坚和基层一线"的选人用人导向，激励各级干部积极投身脱贫攻坚。

后　记

　　脱贫攻坚是实现我们党第一个百年奋斗目标的标志性指标，是全面建成小康社会必须完成的硬任务。党的十八大以来，以习近平同志为核心的党中央把脱贫攻坚纳入"五位一体"总体布局和"四个全面"战略布局，摆到治国理政的突出位置，采取一系列具有原创性、独特性的重大举措，组织实施了人类历史上规模空前、力度最大、惠及人口最多的脱贫攻坚战。经过 8 年持续奋斗，现行标准下 9899 万农村贫困人口全部脱贫，832 个贫困县全部摘帽，12.8 万个贫困村全部出列，区域性整体贫困得到解决，完成了消除绝对贫困的艰巨任务，脱贫攻坚目标任务如期完成，困扰中华民族几千年的绝对贫困问题得到历史性解决，取得了令全世界刮目相看的重大胜利。

　　根据国务院扶贫办的安排，全国扶贫宣传教育中心从中西部 22 个省（区、市）和新疆生产建设兵团中选择河北省魏县、山西省岢岚县、内蒙古自治区科尔沁左翼后旗、吉林省镇赉县、黑龙江省望奎县、安徽省泗县、江西省石城县、河南省光山县、湖北省丹江口市、湖南省宜章县、广西壮族自治区百色市田阳区、海南省保亭县、重庆市石柱县、四川省仪陇县、四川省丹巴县、贵州省赤水市、贵州省黔西县、云南省西盟佤族自治县、云南省双江拉祜族佤族布朗族傣族自治县、西藏自治区朗县、陕西省镇安县、甘肃省成县、甘肃省平凉市崆峒区、青海省西宁市湟中区、青海省互助土族自治县、宁夏回族自治区隆德县、新疆维吾尔自治区尼勒克县、新疆维吾尔自治区泽普县、新疆生产建设兵团图木舒克市等 29 个县（市、区、旗），组织中国农业大学、华中科技大学、华中师范大学等高校开展贫困县脱贫摘帽研究，旨在深入总结习近平总书记关于扶贫工作的重要论述在贫困县的实践创新，全面评估脱贫攻坚对县域发展与县域治理产生的综合效应，为巩固拓展脱贫攻坚成果同乡村振兴有效衔接提供决策参考，具有重大的理论和实践意义。

脱贫摘帽不是终点，而是新生活、新奋斗的起点。脱贫攻坚目标任务完成后，"三农"工作重心实现向全面推进乡村振兴的历史性转移。我们要高举习近平新时代中国特色社会主义思想伟大旗帜，紧密团结在以习近平同志为核心的党中央周围，开拓创新，奋发进取，真抓实干，巩固拓展脱贫攻坚成果，全面推进乡村振兴，以优异成绩迎接党的二十大胜利召开。

由于时间仓促，加之编写水平有限，本书难免有不少疏漏之处，敬请广大读者批评指正！

本书编写组

责任编辑：刘志宏
封面设计：姚　菲
版式设计：王欢欢
责任校对：王春然

图书在版编目(CIP)数据

成县:协同式贫困治理/全国扶贫宣传教育中心 组织编写. —北京:人民出版社,
　2022.10
(新时代中国县域脱贫攻坚案例研究丛书)
ISBN 978－7－01－025176－9

Ⅰ.①成…　Ⅱ.①全…　Ⅲ.①扶贫-研究-成县　Ⅳ.①F127.424

中国版本图书馆 CIP 数据核字(2022)第 194703 号

成县:协同式贫困治理
CHENGXIAN XIETONGSHI PINKUN ZHILI

全国扶贫宣传教育中心　组织编写

人 民 出 版 社 出版发行
(100706　北京市东城区隆福寺街 99 号)

北京盛通印刷股份有限公司印刷　新华书店经销

2022 年 10 月第 1 版　2022 年 10 月北京第 1 次印刷
开本:787 毫米×1092 毫米 1/16　印张:15.5
字数:204 千字

ISBN 978－7－01－025176－9　定价:48.00 元

邮购地址 100706　北京市东城区隆福寺街 99 号
人民东方图书销售中心　电话 (010)65250042　65289539